ENTORNOS

PRIMER CURSO DE LENGUA ESPAÑOLA

Student Book

Part 1

CAMBRIDGE
UNIVERSITY PRESS

Edi
numen

© Editorial Edinumen, 2016

Authors:
Cecilia Bembibre, Carmen Cabeza, Noemí Cámara, Susana Carvajal, Francisca Fernández, Emilio José Marín,
Celia Meana, Ana Molina, Susana Molina, Liliana Pereyra, Francisco Fidel Riva, Equipo Espacio, and Equipo Nuevo Prisma
Coordination Team: David Isa, Celia Meana, and Nazaret Puente.

ISBN: 9781108612999

First published 2016

20 19 18 17 16 15 14 13 12 11 10 9 8 7 6 5 4 3 2

Printed in Mexico by Editorial Impresora Apolo, S.A. de C.V.

Editorial Coordination:
Mar Menéndez

Cover Design:
Juanjo López

Design and Layout:
Carlos Casado, Juanjo López and Sara Serrano

Illustrations:
Carlos Casado

Photos:
See page 507

Cambridge University Press
One Liberty Plaza, 20th Floor
New York, NY 10006, USA

Editorial Edinumen
José Celestino Mutis, 4. 28028 Madrid. España
Telephone: (34) 91 308 51 42
Fax: (34) 91 319 93 09
Email: edinumen@edinumen.es
www.edinumen.es

Learning to communicate in Spanish can help you achieve a more vibrant and prosperous future, especially in today's globalizing world. As of 2017, **more than 470 million people speak Spanish** as a native language, making Spanish the second most common native language in the world. According to a study by the Instituto Cervantes, **45 million people in the United States** speak Spanish as a first or second language. That's a Spanish-speaking community the size of the whole country of Spain!

Spanish is the most widely spoken language in the Western Hemisphere, and an official language of the European Union, making it an important language for international business. By learning Spanish, you'll be joining 20 million other students worldwide who are learning to speak Spanish. You'll also be gaining a valuable professional skill on an increasingly bilingual continent. **¡Bienvenidos!**

HOW DO I ACTIVATE MY DIGITAL CONTENT?

In academia today, it is more important than ever for students to develop digital fluency. ELEteca is the learning management system for *Entornos*. The digital resources offered with *Entornos* allow you to engage with Spanish in the same multifaceted manner you engage with the world outside the classroom.

Your activation code for your ELEteca student account is on the inside front cover of this student book. To redeem this code, go to https://cambridgespanish.edinumen.es

In ELEteca, you can

- Enhance your learning in each unit through online practice provided by the program or created by your teacher
- See your grades and monitor your own progress
- Receive assignments, messages, and notifications from teachers
- Play *La Pasantía*, an interactive game for a creative learning experience
- Access the accompanying audio and video for every unit

    ¡Acción! – a video series aligned to every unit

    Voces Latinas – cultural video segments expand upon the student book's cultural sections

    Grammar Tutorials – short clips introduce new grammar concepts and reinforce difficult skills

    Casa del Español – authentic street interviews target grammar and vocabulary

For help getting started on ELEteca, go to https://cambridgespanish.edinumen.es/static/gettingstarted.html

How did you learn to ride a bike? Did you sit in a chair while someone explained the fundamentals of bike riding to you, or did you go outside and give it a try yourself? Did you get better by memorizing a set of expert techniques, or did you suffer a few skinned knees until you improved?

Whether it's riding a bike or learning a language, people learn best by doing! Out-of-context grammar and vocabulary skills or exercises designed to perfect isolated language functions can be difficult to use when you want to express yourself or understand something new. Even more importantly, this kind of instruction can make us forget Spanish is a living language that people speak creatively and individually all over the world.

Entornos, an introductory Spanish course, helps you develop the language you need to connect to real-world, practical issues. *Entornos* supports communicative, empowered learning.

- **Inductive learning** helps students deepen their understanding of language through discovery and inference.
- **Real-life learning** gives immersive, relatable scenarios, and provides a framework for communication.
- **Learning strategies** reinforce learning as students understand the processes and methods that work best for them.
- **Social and emotional relevance** increases students' motivation to learn a language, boosting acquisition and retention.
- **Cultural and intercultural learning** builds global awareness while developing authentic communication skills.

INDUCTIVE LEARNING

From the first page of every unit, you will be invested in the inductive learning approach. The motivation to learn vocabulary and grammar will be driven by the language functions needed to talk about subjects you care about. *Entornos* helps you produce meaningful communication through scaffolded support of reading, writing, listening, and speaking in a media- and information-rich environment. Then, after explicit language instruction, you practice the language forms and vocabulary for true Spanish mastery.

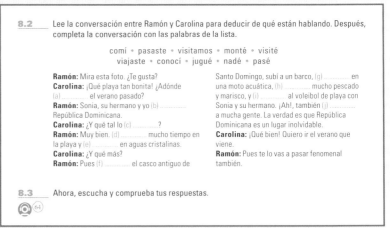

8.2 Lee la conversación entre Ramón y Carolina para deducir de qué están hablando. Después, completa la conversación con las palabras de la lista.

comí • pasaste • visitamos • monté • visité
viajaste • conocí • jugué • nadé • pasé

Ramón: Mira esta foto. ¿Te gusta?
Carolina: ¡Qué playa tan bonita! ¿Adónde (a) .... el verano pasado?
Ramón: Sonia, su hermano y yo (b) .... República Dominicana.
Carolina: ¿Y qué tal lo (c) .... ?
Ramón: Muy bien. (d) .... mucho tiempo en la playa y (e) .... en aguas cristalinas.
Carolina: ¿Y qué más?
Ramón: Pues (f) .... el casco antiguo de

Santo Domingo, subí a un barco, (g) .... en una moto acuática, (h) .... mucho pescado y marisco, y (i) .... al voleibol de playa con Sonia y su hermano. ¡Ah!, también (j) .... a mucha gente. La verdad es que República Dominicana es un lugar inolvidable.
Carolina: ¡Qué bien! Quiero ir el verano que viene.
Ramón: Pues te lo vas a pasar fenomenal también.

8.3 Ahora, escucha y comprueba tus respuestas.

Activating prior knowledge and empowering students to predict words and structures in context allows students to focus on the meaning, not on the mechanics of the language.

REAL-LIFE LEARNING

When you are engaged in language with real-world scenarios and challenges, you become more engaged in learning important skills and content. Gone are the days when students were required to listen and not question, memorize and repeat, in preparation for a vastly different workforce than the one we have today. As times have changed, so too has the way we educate. Nurturing in-depth understanding and a passion for connection, *Entornos* maximizes real-world learning experiences so you can develop the skills needed to communicate in a rapidly evolving world.

¿Cómo estás?
Hola. ¿Qué tal?

In ELEteca, you can access *Casa del Español*, authentic person-on-the-street interviews. These videos feature a wide range of language varieties and dialects while targeting the grammar and vocabulary in an engaging context.

LEARNING STRATEGIES

Research shows that incorporating learning strategies into language curricula helps student become more effective language learners and facilitates a self-actualizing approach to achieving language goals. *Entorno's* philosophy helps you work smarter through the use of specific self-developed strategies, which have a profound influence on learning outcomes. By developing skills in learning-how-to-learn, you will better exploit classroom-learning opportunities and can more easily expand your language learning outside of the classroom.

3. INTERACCIÓN ORAL

4.8 Prepare a talk to present to the class about your own day. Choose three of the four topics to address in your presentation. Use the questions as a guide.

⚙ ESTRATEGIA

Creating an activity chart
Preparing a list of information ahead of time about the things people do helps you organize your description and sequence activities effectively. Creating a chart provides the order you need to make the presentation flow more smoothly.

The better students understand how they learn, remember, and processes information, the more successful they will be in their academic and professional career.

SOCIAL AND EMOTIONAL RELEVANCE

The themes in *Entornos* were developed to reflect students' interests, creating a deeper connection through relevant activities and content that is familiar. This engagement not only creates a compelling classroom experience, it also builds neural connections and long-term memory storage for language retention. Research shows that being truly engaged increases learners' attention and focus, motivates them to practice higher-level critical thinking skills, and promotes meaningful learning experiences. By embedding your interests in the speaking, listening, reading, and writing skills lessons, Entornos helps you achieve learning objectives and brings Spanish language to life.

PROGRESO Y NATURALEZA

El Canal de Panamá mantiene una alianza natural con su entorno. Desarrolla su actividad en medio de un país lleno de biodiversidad y situado en un valle hidrográfico donde el ser humano y la naturaleza trabajan unidos.

Otro ejemplo de esta comunión hombre-naturaleza es el santuario de Las Lajas en Colombia, un bellísimo edificio perfectamente integrado en los riscos* de la cordillera de los Andes. Se suele describir como «un milagro* de Dios sobre el abismo».

¿Hay ejemplos de esta alianza hombre-naturaleza en tu país?

Entornos taps into the relevancy to students' lives to not only motivate them to communicate and learn but to provide a framework for better language learning.

CULTURAL AND INTERCULTURAL LEARNING

Spanish is a vital, living language—which can be surprisingly easy to forget when you're conjugating endless strings of verbs. *Entornos* reminds us that the purpose of language is to connect: with ourselves and with others, in our own communities and around the world.

By calling attention to the rich diversity of Hispanic cultures around the world, *Entornos* explores opportunities to travel and experience other cultures. Understanding the customs and behaviors of the different Spanish-speaking cultures encourages a wider vision of the world. It is as important to learn how and when to use the language as it is to learn the language itself, and the different ways in which the Spanish-speaking world communicates is a focus of *Entornos.*

¿QUÉ LEES?

73% ☐ El periódico
56% ☐ Un libro al año
50% ☐ Revistas

Los argentinos leen el periódico (el 73% de la población), al menos un libro al año (el 56%) y revistas (casi el 50%), según un estudio reciente de la Universidad de San Martín.
Aunque mucha gente lee en la pantalla de la computadora, solo el 8% dice leer libros digitales. El resto prefiere el formato tradicional de papel.
Las preferencias literarias cambian con la edad: los mayores de treinta y cinco años prefieren leer novelas históricas, y los menores eligen libros de fantasía o ciencia ficción.

En la avenida Corrientes, Buenos Aires, hay muchas librerías.

Fuentes: NOP World Culture Score, Fundación El Libro, *La Nación, El Mercurio,* Universidad de San Martín.

¿Qué te gusta leer: periódicos, libros o revistas? ¿Qué tipo de literatura te gusta? ¿Lees en formato digital? ¿Por qué?

Adapted and authentic resources help students develop their perceptions of the world by raising awareness of different cultures and the interconnectedness of language and culture.

ACKNOWLEDGMENTS

Many thanks to the following reviewers who offered ideas and suggestions:

David Alley, Georgia Southern University
Damian Bacich, San Jose State University
Marie Blair, University of Nebraska-Lincoln
Gabriela Brochu, Truckee Meadows Community College
Teresa Buzo Salas, Georgia Southern University
Patricia Crespo-Martín, Foothill College
Lisa DeWaard, Clemson University
Aída Díaz, Valencia Community College
Dorian Dorado, Louisiana State University
Erin Farb, Community College of Denver
Esther Fernández, Rice University
Gayle Fiedler Vierma, University of Southern California
Alberto Fonseca, North Central University
Amy Ginck, Messiah College
José Manuel Hidalgo, Georgia Southern University
Michael Hydak, Austin Community College
Elena Kurinski, St. Cloud University
Courtney Lanute, Edison State College
Kathleen Leonard, University of Nevada-Reno
Tasha Lewis, Loyola University of Maryland
José López Marrón, Bronx Community College
Donna Marques, Cuyamaca Community College
Markus Muller, California State University-Long Beach
Luz Porras, SUNY-New Paltz
Kristina Primorac, University of Michigan
Danielle Richardson, Davidson County Community College
Ángel Rivera, Worcester Polytechnic Institute
Fernando Rubio, University of Utah
Benita Sampedro, Hofstra University
Rachel Shively, Illinois State University
Yun Sil Jeon, Coastal Carolina University
Christine Stanley, Roanoke College
Luz Triana-Echeverría, St. Cloud University
Matthew A. Wyszynski, University of Akron

| UNIDAD | 0 | PÁG. 14 | ¡HOLA! |

Hablamos de...

• Los países del mundo hispano

Vocabulario y comunicación

• **En español:** Using cognates and visuals cues
• **En la clase de español:** Communicating in the classroom

Pronunciación

• The Spanish vowels

Gramática

• El alfabeto español

Sabor latino

Yo hablo español, ¿y tú?

Destrezas

• **Comprensión de vocabulario:**
  – Making traditional and visual flashcards
  – Grouping words into categories

En resumen

• Vocabulario

 Pair icon: indicates that the activity is designed to be done by students working in pairs.

 Group icon: indicates that the activity is designed to be done by students working in small groups or as a whole class.

 Audio icon: indicates recorded material either as part of an activity or a reading text.

 Language icon: provides additional language and grammar support in presentations and for activities.

 Regional variation icon: provides examples of regional variations in the language.

 Recycling icon: provides a reminder of previously taught material that students will need to use in an activity.

0

¡HOLA!

Hablamos de…	Vocabulario y comunicación	Gramática	Sabor latino	Destrezas	En resumen
• Los países del mundo hispano	• **En español:** Using cognates and visuals cues • **En la clase de español:** Communicating in the classroom	• El alfabeto español	• **Yo hablo español, ¿y tú?**	• **Comprensión de vocabulario:** – Making traditional and visual flashcards – Grouping words into categories	• Vocabulario
	Pronunciación				
	• The Spanish vowels				

Madrid, España

San Miguel de Allende, México

San Juan, Puerto Rico

Caracas, Venezuela

¿HABLAS ESPAÑOL?

LEARNING OUTCOMES

By the end of this unit, you will be able to:

- Recognize words in Spanish that are related to English
- Identify objects and people in a classroom
- Ask what something means
- Ask how to say something in Spanish
- Ask someone to repeat or explain
- Spell in Spanish

0.1 Look at the map of Spanish-speaking countries around the world and select the sentences that are true. Focus on the words in Spanish that look like words you know in English.

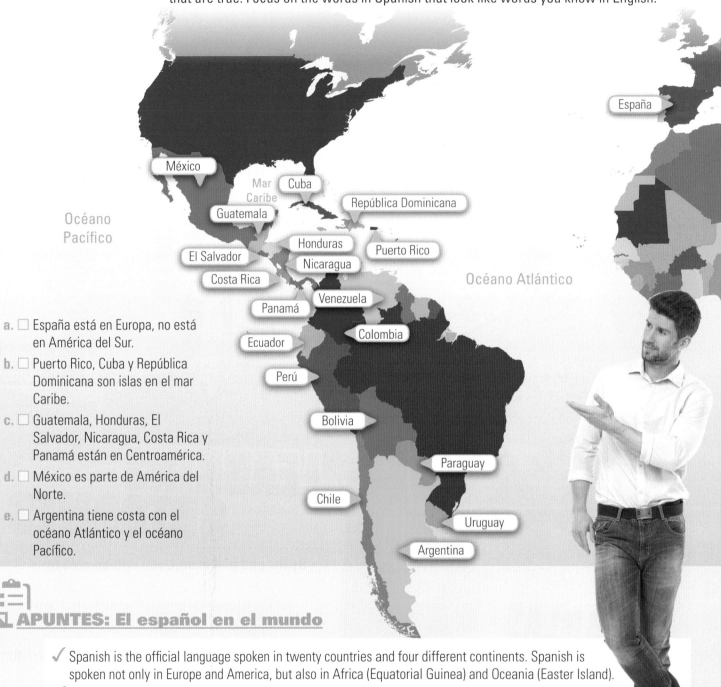

España

México

Mar Caribe

Cuba

República Dominicana

Guatemala

Océano Pacífico

Honduras

Puerto Rico

El Salvador

Nicaragua

Costa Rica

Océano Atlántico

Venezuela

Panamá

Colombia

Ecuador

Perú

Bolivia

Paraguay

Chile

Uruguay

Argentina

a. ☐ España está en Europa, no está en América del Sur.

b. ☐ Puerto Rico, Cuba y República Dominicana son islas en el mar Caribe.

c. ☐ Guatemala, Honduras, El Salvador, Nicaragua, Costa Rica y Panamá están en Centroamérica.

d. ☐ México es parte de América del Norte.

e. ☐ Argentina tiene costa con el océano Atlántico y el océano Pacífico.

APUNTES: El español en el mundo

✓ Spanish is the official language spoken in twenty countries and four different continents. Spanish is spoken not only in Europe and America, but also in Africa (Equatorial Guinea) and Oceania (Easter Island).

✓ Spanish is the most widely spoken of the romance languages, which are languages that derive from Latin. These include Portuguese, French, and Italian among others.

✓ The first document found written in Spanish dates back to 975 and is a prayer to God.

✓ Colombia means "land of Christopher Columbus"; Bolivia, "land of Simon Bolivar"; Argentina, "land of silver"; and Venezuela, "little Venice".

Sources: Adaptado de: http://www.tallerdeescritores.com/curiosidades-del-espanol.php.

Follow along as you listen to the professor welcome his students to Spanish class. Then indicate if the statements that follow are true (T) or false (F).

¡Hola! Bienvenidos todos a la clase de español. Soy el señor Blanco. Soy de Madrid, la capital de España. El español es una lengua importante. Muchas personas en el mundo hablan español. ¿En qué países hablan español? Miren el mapa. Hablan español en México, Guatemala, El Salvador, Honduras, Costa Rica, Nicaragua, Panamá, Colombia, Ecuador, Perú, Bolivia, Chile, Argentina, Uruguay, Paraguay, Venezuela, Puerto Rico, República Dominicana, Cuba y España.

¿Hablan español en Estados Unidos?

	T	F
a. According to the teacher, Spanish is an important language.	☐	☐
b. He says that people in Guatemala, Paraguay, and Brazil speak Spanish.	☐	☐
c. The teacher is from Spain.	☐	☐
d. His name is Mr. Blanco.	☐	☐
e. Madrid is the capital of Spain.	☐	☐
f. At the end, he states that people in the United States speak Spanish.	☐	☐

0.3

Identify each country below and include any information you know about the country such as its capital, famous landmarks, people, and so on. Then share the information with the class.

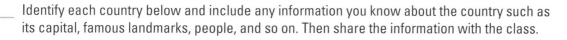
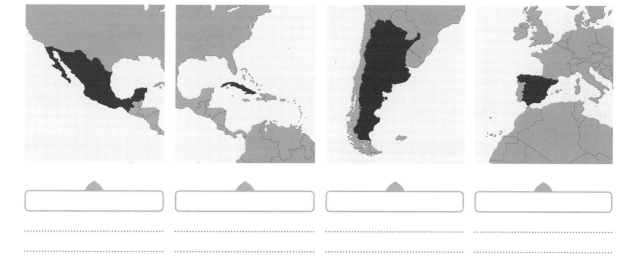

0.4

In groups of three or four, discuss the following questions.

– What did you learn about the Hispanic world that you didn't know before?
– What more would you like to learn?
– Why do you think learning Spanish or any other language is important?
– How do you plan to use Spanish in your life now or in the future?

1.A VOCABULARIO: EN ESPAÑOL

Cognates are words that look alike in Spanish and English. Although they have the same meaning, they are pronounced differently.

0.1 Listen to the following words in Spanish and see how many you understand. Then match the word to the appropriate image below. Use your knowledge of cognates to help you.

1. cafetería .... ☐
2. música .... ☐
3. clase .... ☐
4. teléfono celular ..... ☐
5. familia .... ☐
6. mapa .... ☐
7. alfabeto .... ☐
8. computadora .... ☐

0.2 Look at the following menu posted outside a restaurant in Cartagena, Colombia. With a partner, make a list of the words you recognize. Then try guessing at some of the unfamiliar words.

DESAYUNOS
MENÚ DEL DIA
BURRITOS-TACOS-NACHOS
SOPAS-ENSALADAS
HAMBURGUESAS-SANDWICH
CARNES-POLLO-TRUCHA
ONCES-CAFÉ

Familiar words	Unfamiliar words and their possible meaning

0.3 What other menu items do you know in Spanish? With a partner, use your own life experiences to create a menu with other food items you know.

1.B COMUNICACIÓN: USING COGNATES AND VISUAL CUES

Focusing on visual cues

Focusing on visual cues is another strategy that will help you figure out the meanings of new words. Use the visuals that accompany a text to anticipate content and meaning. Rely on universally accepted formats and details to help you draw appropriate conclusions.

Cognates

As you have already seen, cognates are words in Spanish and English that look similar and often have the same meaning. As you begin your study of Spanish, cognates will help you access meaning. You will also notice that Spanish borrows many words from English, especially in the area of technology.

False friends

Not all words that look similar will have the same meaning. For example, the menu on the previous page lists **sopa**. While **sopa** may look like the English word "soap", **sopa** means "soup." The same can be said for **dinero** ("money", not "dinner") and **partido** ("game", not "party"). These words are called false friends or **falsos amigos**.

0.4 Before you begin to read, look at the image and predict what the text might be about. Then point out the cognates and other words you recognize in the text. Can you answer the question at the end?

Hola, mi nombre es Sofía y soy estudiante. Estudio inglés en la escuela. Mi escuela es grande y tengo muchos amigos. Mis amigos son de Ecuador, México y Perú. Uso el celular para comunicarme con mis amigos. También uso el celular para estudiar y escuchar música. Y tú, ¿estudias español en clase?

0.5 With a partner, look at the following signs and try to determine what each one is saying. Concentrate on the words you recognize and use the visuals to guess at unfamiliar words. Compare your answers with those of another pair.

0.6 Create your own sign using the expressions above and present it to the class.

2.A VOCABULARIO: EN LA CLASE DE ESPAÑOL

0.7 Look at the drawing of the classroom and listen to the words for the people and objects you see.

1. un libro	**5.** un lápiz	**9.** una mochila	**13.** una pizarra	**17.** un tablero de anuncios
2. una silla	**6.** un estudiante	**10.** una mesa	**14.** un marcador	**18.** una puerta
3. un cuaderno	**7.** una tableta	**11.** una papelera	**15.** una profesora	
4. un bolígrafo	**8.** una carpeta	**12.** un borrador	**16.** una ventana	

0.8 List the words above according to the categories below. Then compare your answers with a partner.

Objetos de la clase	Objetos personales	Personas

0.9 Choose one of the images below to describe to your partner and see whether he/she has the same items. Your partner can either mark or point to the item. Use the *Modelo* as a guide.

Modelo: E1: Una computadora.   E2: Sí, aquí *(here).* / No, aquí no.

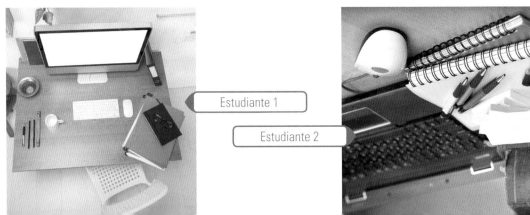

Estudiante 1

Estudiante 2

2.B COMUNICACIÓN: COMMUNICATING IN THE CLASSROOM

0.10 Listen to some useful questions and phrases used by students and professors in the classroom.

» **Para comunicarte con el profesor / la profesora:**

¿Cómo se dice *blackboard* en español? *How do you say* blackboard *in Spanish?*

No comprendo. *I don't understand.*

¿Puede repetir, por favor? *Can you please repeat?*

Más despacio, por favor. *More slowly, please.*

¿Qué significa "pizarra"? *What does "pizarra" mean?*

¿Cómo se escribe … en español? *How do you spell it in Spanish?*

¿Puede escribirlo en la pizarra? *Can you write it on the board?*

¿Está bien así? *Is this right?*

In Spanish, question marks and exclamation points are placed before and after the sentence. Notice that at the beginning they are written upside down.

- ¿Está bien así?
- ¡Perfecto!

» **Expresiones que usa el profesor / la profesora en la clase:**

Abran los libros (en la página…), por favor. *Open your books (to page …), please.*

Cierren los libros. *Close your books.*

Escuchen con atención. *Listen carefully.*

Miren la pizarra. *Look at the board.*

Trabajen en parejas. *Work in pairs.*

¿Comprenden? *Do you understand?*

¿Tienen preguntas? *Do you have any questions?*

Sí, está bien. *Yes, it's fine.*

Sí, claro. *Yes, of course.*

0.11 Fill in the blanks to complete the following conversations. Then practice them aloud with a partner.

a. ● ¿Qué .... "carpeta"?
   ● "Carpeta" es *folder* o *binder* en inglés.

b. ● ¿Cómo ...... *wastepaper basket* en español?
   ● Papelera.
   ● ...., por favor.
   ● Pa-pe-le-ra.

c. ● ¿Cómo .... *backpack* en español?
   ● Mochila.
   ● ¿.............. en la pizarra?
   ● Sí, claro.

d. ● ¿Cómo .... *bulletin board* en español?
   ● Tablero de anuncios.
   ● ¿Puede ...., por favor?
   ● Sí, ... Tablero de anuncios.

0.12 What would you say or do in the following situations? Work with a partner and take turns responding.

What would you say?	What would you do if your professor says…?
1. You don't understand the word "ventana".	**4.** Escuchen con atención la conversación entre Luis y Marta.
2. Your professor is talking too fast.	**5.** Abran los libros en la página 28 y trabajen en parejas.
3. You need to hear something again.	**6.** Miren el mapa.

0.13 With a partner, create your own conversations using the expressions from 0.10 and the vocabulary from activity 0.7.

GRAMÁTICA

1. EL ALFABETO ESPAÑOL

0.1 _(5)_ Listen to the names of the letters in Spanish. What differences do you notice?

A	B	C	D	E	F	G	H	I
a	be	ce	de	e	efe	ge	hache	i

J	K	L	M	N	Ñ	O	P	Q
jota	ka	ele	eme	ene	eñe	o	pe	cu

R	S	T	U	V	W	X	Y	Z
erre	ese	te	u	ve _or_ uve	doble ve _or_ doble uve	equis	i griega _or_ ye	zeta

> When used together, **ch** _(che)_ and **ll** _(elle)_ produce a single sound. They are not considered letters.

0.2 _(6)_ Listen and select the correct option.

1. ☐ b   **2.** ☐ g   **3.** ☐ y   **4.** ☐ s   **5.** ☐ j   **6.** ☐ h   **7.** ☐ z   **8.** ☐ p
☐ v   ☐ ñ   ☐ j   ☐ r   ☐ g   ☐ x   ☐ c   ☐ b

0.3 _(7)_ Listen and select the letter in each group that is not mentioned.

1. ☐ F ☐ H   **2.** ☐ M ☐ N   **3.** ☐ K ☐ C   **4.** ☐ V ☐ D   **5.** ☐ Y ☐ T
☐ G ☐ J   ☐ Ñ ☐ P   ☐ W ☐ G   ☐ B ☐ E   ☐ I ☐ L

0.4 Write the name of the letters to spell out the following Hispanic countries. Then write the name of the country on the map.

a. **V** **E** **N** **E** **Z** **U** **E** **L** **A**
uve   e   ene   e   zeta   u   e   ele   a

b. **U** **R** **U** **G** **U** **A** **Y**

c. **E** **C** **U** **A** **D** **O** **R**

d. **P** **A** **R** **A** **G** **U** **A** **Y**

e. **H** **O** **N** **D** **U** **R** **A** **S**

México
Cuba
República Dominicana
Puerto Rico
Guatemala
El Salvador
Nicaragua
Costa Rica
Panamá
Colombia
Perú
Brasil
Bolivia
Chile
Argentina

0.5 Write out the names of the following countries where Spanish is spoken.

a. Pe - a - ene - a - eme - á ....

b. E - ese - pe - a - eñe - a ....

c. Eme - é - equis - i - ce - o ....

d. Be - o - ele - i - uve - i - a ....

e. A - erre - ge - e - ene - te - i - ene - a ....

f. Ce -hache - i - ele - e ....

0.6 Write out the letters of your name in Spanish in the name tag. Then, in groups of three or four, take turns spelling your name out to each other.

Modelo: E1: Hola, mi nombre es "ese-te-e-pe-hache".

E2: Hola, Steph.

HOLA
mi nombre es

0.7 Practice saying and spelling new vocabulary words in Spanish with your group. Ask each other about the words you have learned so far.

Modelo: E1: ¿Cómo se dice *table* en español y cómo se escribe?

E2: Mesa, eme - e - ese - a.

E1: Sí, está bien.

PRONUNCIACIÓN

THE SPANISH VOWELS

In Spanish, each vowel has only one sound and is pronounced the same way in almost every case.

Vowel	Sound like	Examples
a	*a* in f*a*ther, but shorter	*marca, carpeta, habla*
e	*e* in th*e*y, but shorter	*mesa, estudiante, clase*
i	*i* in mach*i*ne, but shorter	*sí, escribe, amigo*
o	*o* in z*o*ne, but shorter	*nombre, profesora, goma*
u	*u* in r*u*le, but shorter	*anuncio, pregunta, escucha*

0.1 Listen and repeat after the speaker.

 8

0.2 List the words you hear in the appropriate column according to their vowel sound.

9

a	e	i	o	u

SABOR LATINO

YO HABLO ESPAÑOL, ¿Y TÚ?

El español es la segunda lengua más hablada en el mundo. Se habla en casi toda América Latina y España. Se habla en Filipinas y en algunas partes de África. ¡Apréndelo!

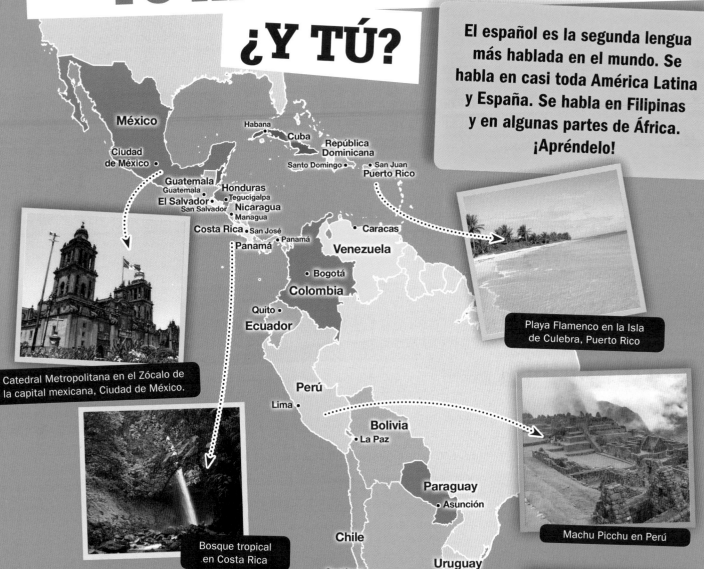

México · Ciudad de México

Habana · Cuba

República Dominicana · Santo Domingo

· San Juan **Puerto Rico**

Guatemala · Guatemala

Honduras · Tegucigalpa

El Salvador · San Salvador

Nicaragua · Managua

Costa Rica · San José

· Panamá **Panamá**

· Caracas **Venezuela**

· Bogotá **Colombia**

Quito · **Ecuador**

Perú · Lima

Bolivia · La Paz

Paraguay · Asunción

Chile · Santiago

Uruguay · Montevideo

Buenos Aires · **Argentina**

Catedral Metropolitana en el Zócalo de la capital mexicana, Ciudad de México.

Playa Flamenco en la Isla de Culebra, Puerto Rico

Bosque tropical en Costa Rica

Machu Picchu en Perú

Barrio de La Boca en Buenos Aires, Argentina

¿SABES QUE....? (DO YOU KNOW THAT...?)

✓ Spanish is the second most widely spoken language in the world. (Mandarin is first and English is third.)

✓ Spanish is the third language with the highest number of Internet users (8 % of the total number of users).

✓ Another name for Spanish is Castilian (*castellano*), named after the region in Spain where it originated.

✓ The letter *ñ* only exists in Spanish.

SELECT THE CORRECT OPTION TO COMPLETE EACH SENTENCE.

a Spanish is the **first** / **second** most widely spoken language in the world.

b The letter **q** / **ñ** is unique to Spanish.

c The majority of students in the United States study **Spanish** / **Japanese**.

d **Many** / **Not many** people speak Spanish.

e Another name for Spanish is **Castilian** / **European Spanish**.

f Spanish is the **second** / **third** language with the highest number of Internet users.

España

Barcelona

● Madrid

Valencia ●

● Sevilla

Molinos de viento
en Castilla la Mancha, España

Parque Güell en Barcelona,
España

La Alhambra en Granada, España

QUICK FACTS!

✓ In the United States, Spanish is the second most widely spoken language.

✓ Spanish is the second most studied language among students in the United States.

✓ According to a study from the University of Lyon, France, Spanish speakers can pronounce 7.8 syllables per second. (Only Japanese has a higher number of syllables per second.)

Fuentes: Institute of Latin American Studies, Pew Research, World Bank BBC Worldwide, Cambio Climático Global, Procisur, United Nations.

DESTREZAS

In this section of every unit, you will practice three of the four communication skills: reading, writing, and speaking. Specific strategies are presented to guide you as you complete the activities. Use the strategies in *Destrezas* to become a better learner.

1. COMPRENSIÓN DE VOCABULARIO

Learning vocabulary is one of the basic building blocks you need to begin communicating in Spanish. Experiment to find your own learning style and use what works best for you. Here are some strategies.

Making flashcards

Make traditional flashcards with Spanish on one side and English on the other. Quiz yourself or have others quiz you.

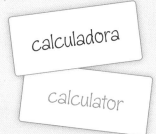

calculadora

calculator

Making visual flashcards

Draw a picture of a word or action on one side of a card and the Spanish word on the other. You don't have to be a great artist, as you are the only one that needs to know what the drawing represents. Use them to quiz yourself or have others use the cards to quiz you.

calculadora

Grouping words into categories

Group words into categories that make sense to you. These categories can be based on meaning, parts of speech, common properties, topic, etc. Label the list according to your reasoning for the grouping.

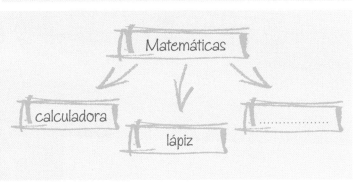

Matemáticas

calculadora

lápiz

0.1 Apply one of the strategies presented above to this list of vocabulary words. Use a dictionary for any words you don't know.

afiche	mesa	mochila	tableta
marcador	silla	carpeta	computadora portátil
bolígrafo	borrador	lápiz	pizarra digital interactiva
cuaderno	diccionario	papelera	tablero de anuncios

0.2 Choose a partner who selected a different strategy from yours and practice quizzing each other. Which one of you did better recalling the words?

I learn vocabulary better using:	
☐ images	☐ word associations
☐ a dictionary	☐ translations
☐ drawings	☐ ....

LISTA DE VOCABULARIO

En la clase In class

el bolígrafo pen
el borrador eraser
la carpeta folder, binder
la computadora computer
el cuaderno notebook
el diccionario dictionary
el estudiante student (male)
la estudiante student (female)
el lápiz pencil
el marcador marker
la mesa table, desk
la mochila backpack
la papelera wastepaper basket
la pizarra blackboard
el profesor teacher (male)
la profesora teacher (female)
la puerta door
la silla chair
el tablero de anuncios bulletin board
la tableta tablet
la ventana window

Para comunicarte con tu profesor / profesora
To communicate with your teacher

¿Cómo se dice… en español? How do you say… in Spanish?
¿Cómo se escribe… en español? How do you spell… in Spanish?
¿Está bien así? Is this right?
Hola, mi nombre es… Hi, my name is…
No comprendo. I don't understand.
¿Puede escribirlo en la pizarra? Can you write it on the blackboard?
¿Puede repetir, por favor? Can you please repeat?
¿Qué significa…? What does… mean?

Expresiones que usa el profesor / la profesora en la clase
Expressions used by the teacher in the classroom

Abran los libros (en la página…), por favor. Open your books (to page…), please.
Cierren los libros. Close your books.
¿Comprenden? Do you understand?
Escuchen con atención. Listen carefully.
Miren la pizarra. Look at the board.
¿Tienen preguntas? Do you have any questions?
Trabajen en parejas. Work in pairs.
Sí, está bien. Yes, it's fine.
Sí, claro. Yes, of course.

Otras palabras y expresiones útiles
Other useful words and expressions

bienvenidos welcome
está/están is/are (located)
el mundo hispano Hispanic world
Hola, mi nombre es… Hi, my name is…
los países countries

¡BIENVENIDOS!

Hablamos de…	Vocabulario y comunicación	¡En vivo!	Gramática	Destrezas	Sabor latino	En resumen
• Los compañeros de clase	• **Saludos y presentaciones:** Greeting people, making introductions, and saying good-bye • **Nacionalidades y profesiones:** Asking for and giving information about yourself and others • **Los números del 0 al 31, los meses y la fecha:** Sharing other personal information **Pronunciación** • The sounds of **ch** and **ñ**	• **Episodio 1 Saludos y mochilas:** Anticipating content	• Definite and indefinite articles • Subject pronouns and the verb *ser* • Present tense of *llamarse* and *tener*	• **Asociación Hispánica** − **Comprensión de lectura:** Guessing meaning from context − **Expresión escrita:** Brainstorming ideas about what you are going to write − **Interacción oral:** Talk, don't read	• **Hispanos en EE. UU.**	• **Situación:** En el centro de estudiantes internacionales • Vocabulario

Los muchachos son de América Latina.

- ¿Dónde están las personas? ¿Están en la universidad o en la calle?
- ¿Son estudiantes o amigos?
- Y tú, ¿estás en clase con tus amigos?
- ¿Está la bandera de tu país en la foto?

LEARNING OUTCOMES

By the end of this unit, you will be able to:

- Say hello, good-bye, and make introductions
- Give your age and say where you are from
- Ask others about themselves
- Identify some common professions
- Express dates and phone numbers

HABLAMOS DE...

Los compañeros de clase

1.1 Look at the image below of students on their way to class. Then choose the correct answer based on what you see or can infer from the image.

1. La imagen representa...
a. una foto de familia.
b. una foto de compañeros de clase.
c. una foto de vacaciones.

2. Los muchachos están...
a. en clase.
b. en el campus universitario.
c. en la cafetería.

3. En la imagen...
a. hay tres muchachos.
b. hay un muchacho y tres muchachas.
c. hay dos muchachos y dos muchachas.

4. Los muchachos tienen...
a. mochilas y cuadernos.
b. carpetas y papeleras.
c. bolígrafos y lápices.

1.2 Follow along as you listen to a conversation between students meeting for the first time. Then choose the best option.

Nélida: Hola, ¿qué tal? Me llamo Nélida. Y ustedes, ¿cómo se llaman?
Alberto: Hola, yo soy Alberto y él es Miguel.
Miguel: ¿Qué tal? Ella es Cecilia. Es colombiana, de Bogotá.
Cecilia: Hola a todos, ¿qué tal? ¿De dónde eres, Alberto? ¿Eres norteamericano?
Alberto: No, soy argentino, de Buenos Aires, pero vivo aquí en Estados Unidos.

Nélida: Cecilia, ¿cuántos años tienes?
Cecilia: Tengo veinte años. ¿Y tú?
Nélida: Tengo dieciocho años.
Miguel: Bueno, muchachos, vamos a clase. ¡Hasta luego!
Alberto: Sí, es verdad, ¡hasta luego!
Nélida y Cecilia: ¡Adiós!

a. Alberto no es **norteamericano / argentino**.
b. Cecilia tiene **veinte / dieciocho** años.
c. La muchacha colombiana se llama **Nélida / Cecilia**.
d. Alberto es de **Bogotá / Buenos Aires**.
e. Alberto, Nélida, Cecilia y Miguel son **estudiantes / profesores** en la universidad.

1.3 Listen to Miguel, Nélida, Cecilia, and Alberto talk about where they are from. Then fill in the missing words in the sentences below.

a. Miguel es de Los Ángeles, él es ....
b. Alberto es de Buenos Aires, él es ....
c. Nélida es de Madrid, ella es ....
d. Cecilia es de Bogotá, ella es ....

1.4

Follow along as you listen to the conversations below. What is the difference between them? Then, in groups of three, practice the conversations aloud with each of you taking a part.

The following abbreviations are used for a person's title:
señor ▶ **Sr.**
señora ▶ **Sra.**
señorita ▶ **Srta.**

Victoria: ¡Hola, Ana! ¿Qué tal estás?
Ana: Bien. Mira, esta es Susana, una amiga de clase.
Victoria: Hola, Susana.
Susana: ¡Hola! ¿Qué tal?

Patricia: Buenos días, Leonor. ¿Cómo está usted?
Leonor: Muy bien, gracias. Mire, le presento al señor Fernández.
Sr. Fernández: Encantado.
Patricia: Mucho gusto.

It is common practice in Hispanic cultures to greet friends with a hug and a kiss. In many countries such as in Argentina, Spain, and Uruguay, kissing on both cheeks between a man and a woman or two women is standard practice. Kisses are often a brief touching of the cheeks while making a kissing sound.

un abrazo

un beso

1.5

Read the following expressions and decide whether they would most likely be used in formal (F) or informal (I) situations. Then write what you think the expressions mean. Compare your answers with a partner.

	F	I	What do you think it means?
a. Hola, ¿qué tal?	☐	☐	
b. Buenos días, ¿cómo está?	☐	☐	
c. Encantado.	☐	☐	

1.6

In groups of three, take turns introducing each other in formal and informal situations using the conversations above as a model. *¡Atención!* Be sure to substitute your own information.

APUNTES: El español en Estados Unidos

✓ En Estados Unidos hay más de 819 100 estudiantes internacionales en las universidades, un 4 % de todos los estudiantes universitarios.

✓ Colombia, México y España son los países hispanohablantes que más estudiantes tienen en las universidades de Estados Unidos.

✓ Menos del 10 % de los estudiantes de Estados Unidos estudian en el extranjero.

✓ Muchos jóvenes estudian en España, pero países como Costa Rica, Perú y Ecuador también son destinos populares.

Fuentes: Pew Research Center, 2013; Institute of International Education, 2013.

VOCABULARIO Y COMUNICACIÓN

1.A VOCABULARIO: SALUDOS Y PRESENTACIONES

1.1 🎧 (13) A group of students met in the library after class to start work on their first assignment for Spanish class. Listen as they introduce themselves and say where they are from. Complete the sentences with the information from the list based on what you hear. Then listen again to check your answers.

Puerto Rico • Chile
República Dominicana
India • Canadá

Nombre		País
a.	/	....
b.	/	....
c.	/	....
d.	/	....
e.	/	....

To ask about another person's name, say:
- ¿Cómo se llama él? (for a male)
- ¿Cómo se llama ella? (for a female)

1.2 With a partner, point to one of the students in the image above and take turns asking each other for their names and places of origin.

> **Modelo:** E1: ¿Cómo se llama él?   E1: ¿De dónde es?
> E2: Se llama Eduardo.   E2: Es de Estados Unidos.

To ask about where another person is from, say:
- ¿De dónde es él (ella)?

1.3 In groups of three, take turns introducing yourselves and each other using the *Modelo* below.

Hola, me llamo Marta, ¿qué tal?

Hola, muy bien, gracias. Yo soy Eva y este es Carlos.

Hola, Carlos, ¿qué tal?

Muy bien, encantado. ¿Estudias aquí en la universidad?

Sí, estudio español.

1.B COMUNICACIÓN: GREETING PEOPLE, MAKING INTRODUCTIONS, AND SAYING GOOD-BYE

Informal	Formal

Para saludar *To say hello*

Hola, ¿qué tal? *Hi, what's up?*	Buenos días / Buenas tardes. *Good morning / Good afternoon.*
Hola, ¿qué tal estás? *Hi, how are you doing?*	Buenas noches. *Good evening, Good night.*

Para presentarse *To introduce yourself*

Hola, soy... *Hi, I'm...*	Buenos días / tardes,
Hola, me llamo... *Hi, my name is...*	Buenas noches, } *soy / me llamo...*

Para presentar a alguien *To introduce someone*

Mira, este es Dan. *Hey, this is Dan.*	Mire, le presento al Sr. Pérez. *Look, I'd like to introduce you*
Mira, esta es Jenny. *Hey, this is Jenny.*	*to Mr. Pérez.*
Mira, estos son Dan y Bill. *Hey, these are Dan and Bill.*	Mire, le presento a la Sra. Díaz. *Look, I'd like to introduce*
Mira, estos son Dan y Jenny.	*you to Mrs. Díaz.*
Mira, estas son Jenny y Ana.	

Para responder a una presentación *To respond to an introdution*

Hola, ¿qué tal? *Hi, what's up?*	Encantado. *Delighted. (Said by a male.)*
	Encantada. *Delighted. (Said by a female.)*
	¿Cómo está? *How do you do?*
	Mucho gusto. *Pleased to meet you.*

Para despedirse *To say good-bye*

Adiós. *Good-bye.*
Hasta luego / mañana / pronto. *See you later / tomorrow / soon.*

1.4 Look at the people below as they introduce themselves. Match the expressions to the appropriate image.

a. Buenas tardes. Yo soy el Sr. Martín.

b. Hola, ¿qué tal? Soy Melinda.

c. Hola, ¿qué tal estás? Me llamo Mario. ¿Y tú?

d. Hola, me llamo Felipe y esta es mi amiga María.

○  ○  ○  ○

1.5 Introduce the people above to your partner using informal expressions. Your partner will respond appropriately.

1.6 Match the countries from the list to their correct location on the map. Check your answers with a partner.

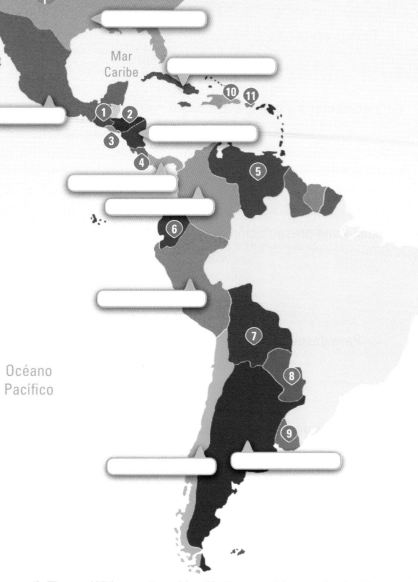

a. Argentina

b. Chile

c. Colombia

d. Cuba

e. Estados Unidos

f. México

g. Nicaragua

h. Panamá

i. Perú

1.7 With a partner, identify the countries marked with a number on the map above.

1. .... 7. ....

2. .... 8. ....

3. .... 9. ....

4. .... 10. ....

5. .... 11. ....

6. ....

¿Qué país hispanohablante no está representado en el mapa? ....

1.8 With a partner, fill in the missing nationalities from around the world. Use the clues already provided in the chart to help you with the forms. Can you recognize all the countries in Spanish?

País	Hombre	Mujer
Estados Unidos		norteamericana
Chile	chileno	
México		mexicana
Cuba	cubano	
China		china
Italia	italiano	
Corea		coreana
India	indio	
Ecuador		ecuatoriana
Perú	peruano	
Puerto Rico	puertorriqueño	
República Dominicana		dominicana
Francia	francés	
Japón	japonés	
Inglaterra		inglesa
España		española

- Nationalities in Spanish vary in form when referring to a man *(hombre)* or a woman *(mujer)*. Do you see a pattern in the way they are formed?
- Some nationalities have an accent in the masculine form only.
- Form plurals by adding **-s** or **-es**.

norteamericano = estadounidense, americano

1.9 Listen to Olga introduce her friends Daniel and Susie. Then choose the correct nationality for each of them.

(14)

a. Daniel es...
- ☐ español.
- ☐ francés.
- ☐ dominicano.

b. Susie es...
- ☐ india.
- ☐ china.
- ☐ japonesa.

c. Olga es...
- ☐ cubana.
- ☐ italiana.
- ☐ puertorriqueña.

1.10 Look carefully at the following images of stamps honoring people from around the world. With a partner take turns asking who they are and where they are from.

 E1: ¿Cómo se llama?   E1: ¿De dónde es?

E2: Se llama Shakespeare.   E2: Es inglés.

1.11 With a partner, look at the photos of the following well-known figures. Do you know who they are and what they do? Choose the correct profession from the list for each of them. *¡Atención!* Be sure to use the correct form.

Some jobs and professions

For males:	For females:
ingeniero ▶	ingeniera *engineer*
profesor ▶	profesora *teacher*
futbolista ▶	futbolista *soccer player*
médico ▶	médica *doctor*
escritor ▶	escritora *writer*
cantante ▶	cantante *singer*
actor ▶	actriz *actor / actress*
tenista ▶	tenista *tennis player*
estudiante ▶	estudiante *student*

1.12 Match the following information with each of the people above.

1. Es colombiana. .... a b c d
2. Es una escritora chilena. .... a b c d
3. Es argentino. .... a b c d
4. De origen español, nacionalizado estadounidense. .... a b c d
5. Es futbolista en el F. C. Barcelona. .... a b c d
6. Publica una novela al año. .... a b c d
7. Es actriz en una serie de televisión norteamericana. ...... a b c d
8. Pasó *(he stayed)* doscientos quince días en el espacio exterior. ...... a b c d
9. Vive en España. .... a b c d
10. Es miembro de la Academia Estadounidense de las Artes y las Letras. ...... a b c d
11. Actualmente está retirado. .... a b c d
12. Vive en Los Ángeles. .... a b c d

1.13 Read more about these people and fill in the blanks with the information from the previous activity and the answers you selected.

Lionel Messi es un futbolista .... que vive actualmente en .... porque juega en el ...., un equipo español.

Es un gran futbolista. Es jugador de la selección argentina de fútbol desde hace varios años.

Sofía Vergara es ...., famosa en Estados Unidos por su participación en la serie de televisión *Modern Family*. Interpreta a Gloria Delgado en la serie, una mujer ...., casada con un hombre norteamericano.

Actualmente vive en .... junto a su hijo, Manuel.

Miguel López-Alegría nace *(is born)* en Madrid pero tiene nacionalidad .... Es el primer astronauta de origen español en llegar al espacio exterior. En una de sus misiones, ... en el espacio exterior. Actualmente, está ....

Isabel Allende nace accidentalmente en Perú pero es .... Es .... y publica .... al año. Vive en Estados Unidos y desde 2004 es miembro de la Academia ....

2.B COMUNICACIÓN: ASKING FOR AND GIVING INFORMATION ABOUT YOURSELF AND OTHERS

- ¿Cómo te llamas? *What's your name?*
- Me llamo Francisca García Mejías. *My name is Francisca García Mejías.*

- ¿De dónde eres? *Where are you from?*
- Soy de México. / Soy mexicana. *I'm from Mexico. / I'm Mexican.*

- ¿Dónde vives? *Where do you live?*
- Vivo en Puebla. / Vivo en la calle Reina. *I live in Puebla. / I live on Reina Street.*

- ¿Qué haces? *What do you do?*
- Soy estudiante. *I'm a student.*

Hola, soy Francisca García Mejías.

Los apellidos. People in Spanish-speaking countries often use two last names. In the case of Francisca García Mejías, García is Francisca's father's last name or *apellido* and Mejías is her mother's. In this way, both sides of the family are represented.

1.14 Listen to the following conversations and fill in the missing words. Then practice the conversation with a partner.

a. En un café…	b. En la biblioteca…	c. En la calle…

Carlos: Hola, buenas tardes. ¿Cómo te llamas?
Miranda: Me llamo Miranda.
Carlos: ¿.............. haces, Miranda?
Miranda: Soy ....

Bibliotecaria: ¿Cómo te llamas?
Rolando: Me .... Rolando Castro Gómez.
Bibliotecaria: ¿........... vives?
Rolando: Vivo en la calle Molina.
Bibliotecaria: Muy bien, pues aquí tienes el libro.

Miguel: ¿De dónde..............?
Berto: ....
puertorriqueño. ¿Y tú?
Miguel: Soy de...............
Berto: ¿Y qué..............?
Miguel: ....profesor. ¿Y tú?
Berto: Soy............... Estudio para ser...............

1.15 With a partner, take turns introducing yourself as one of the people in the images. Give your name, say where you are from, and what you do. Use your imagination and the cues in the images to help you create a profile.

1.16 Listen to the numbers from 0 to 31 and check off the numbers that refer to your age and birthdate as you hear them. What numbers did you choose?

0	cero	8	ocho	16	dieciséis	24	veinticuatro
1	uno	9	nueve	17	diecisiete	25	veinticinco
2	dos	10	diez	18	dieciocho	26	veintiséis
3	tres	11	once	19	diecinueve	27	veintisiete
4	cuatro	12	doce	20	veinte	28	veintiocho
5	cinco	13	trece	21	veintiuno	29	veintinueve
6	seis	14	catorce	22	veintidós	30	treinta
7	siete	15	quince	23	veintitrés	31	treinta y uno

1.17 Listen to the numbers and select the ones you hear.

☐ 3　　☐ 2　　☐ 16　　☐ 7　　☐ 12　　☐ 11　　☐ 25

☐ 15　　☐ 9　　☐ 14　　☐ 28　　☐ 18　　☐ 13　　☐ 20

The months in Spanish are not capitalized.

1.18   Listen to the names of the months in Spanish. Then list the months under the appropriate categories. Check your answers with a partner. Did you list the same months?

Los meses del año	
enero	julio
febrero	agosto
marzo	septiembre
abril	octubre
mayo	noviembre
junio	diciembre

Los meses de clase	Los meses de vacaciones	El mes de mi cumpleaños *(birthday)*

To say the date, use:
- Es el cuatro de junio.
  It's June fourth.

To ask for today's date, use:
- ¿Qué día es hoy?

To ask for a specific date, use:
- ¿Cuándo es el Día Internacional de la Mujer?
- Es el ocho de marzo.

1.19 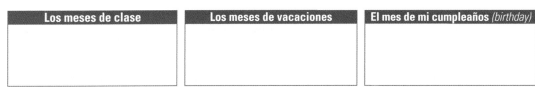 Answer the following questions by writing out the correct date. Then compare your answers with a partner.

a. ¿Cuándo es el Día de la Independencia de Estados Unidos?

b. ¿Cuándo es el Día de San Valentín?

c. ¿Cuándo es la Navidad *(Christmas)*?

d. ¿Cuándo es el último *(last)* día del año?

e. ¿Cuándo es el primer *(first)* día del año?

3.B COMUNICACIÓN: SHARING OTHER PERSONAL INFORMATION

- ¿Cómo te llamas? *What's your name?*
- Me llamo Francisca García Mejías. *My name is Francisca García Mejías.*

- ¿Cuántos años tienes? *How old are you?*
- Tengo veinte años. *I'm twenty years old.*

- ¿Cuándo es tu cumpleaños? *When is your birthday?*
- Es el once de mayo. *It's May eleventh.*

- ¿Cuál es tu número de teléfono? *What is your phone number?*
- Es el seis, tres, dos, uno, cinco, dos, cero, seis, ocho. *It's six, three, two, one, five, two, zero, six, eight.*

1.20
Look at the following people. How old do you think they are? Then, with a partner, take turns asking each other to see if you agree.

Modelo: E1: ¿Cuántos años tiene Marcos?

E2: Tiene… años.

E1: Sí, es verdad. / No, creo que tiene… años.

Tomás   Encarna   Maribel   Marcos

1.21
Ask and exchange telephone numbers with three other classmates. *¡Atención!* It is not necessary to give your real number.

¿Cuál es tu número de celular?

Es el dos-dos-tres, cuatro-cuatro-seis, siete-dos-ocho.

1.22
Introduce yourself to three classmates. Greet them and ask each one's name, age, and birthday. Then introduce one of them to the class. The class will ask him/her additional questions.

Modelo: Este/Esta es…

PRONUNCIACIÓN

THE SOUNDS OF *CH* AND *Ñ*

» The **ch** sequence in Spanish produces a single sound similar to the *ch* sound in English: **Ch**ile, **ch**urch.

» The **ñ** exists only in the Spanish alphabet. The sound is similar to the *ny* in ca**ny**on.

1.1
 (19)
Listen to the sounds of *ch* and *ñ* in the words below. Then listen again and repeat after the speaker.

a. mu**cha**cho, mu**cha**cha, co**che**, dieci**ocho**, escu**cha**r

b. ni**ño**, espa**ñol**, ense**ñar**, ma**ña**na, compa**ñe**ro

1.2
Underline the *ch* and *ñ* in the sentences below. Then take turns with a partner reading the sentences aloud.

El señor escucha música en el coche.

La niña española come chocolate. Es su cumpleaños.

La muchacha chilena dice: "Hasta mañana".

Saludos y mochilas

ANTES DEL VIDEO

1.1 In groups of three, look at Images 1 and 3. What is happening in the scenes? What expressions in Spanish would you use in a similar situation?

⚙ **ESTRATEGIA**

Anticipating content
Knowing what people are talking about or anticipating what they are going to say makes it much easier to understand another language. When listening to spoken Spanish, it always helps to anticipate what the conversation will be about before you listen. Use the images to help you predict the content.

1.2 With a partner, think of the expressions you would use in the following contexts and provide examples for each.

- **a.** para saludar
- **b.** para presentarse
- **c.** para presentar a alguien
- **d.** para responder a la presentación
- **e.** para despedirse

- **f.** para preguntar el número de teléfono
- **g.** para preguntar la nacionalidad
- **h.** para preguntar la edad
- **i.** para preguntar el nombre

1.3 Take another look at the images and write a caption for each one. You can use the expressions you prepared in the previous activity.

Imagen 1:..   Imagen 4:..
Imagen 2: ....   Imagen 5: ....
Imagen 3: ....   Imagen 6: ....

DURANTE EL VIDEO

1.4 Watch the following segment and answer the questions.

`00:00 - 01:50`

- **a.** What do they want to buy?
- **b.** What do they sell in the store?
- **c.** List the items mentioned by the characters.
- **d.** Can you think of any other items you can place in a backpack? List them in Spanish.

1.5 Watch the next segment and indicate the sentences that refer to Lorena (L) and the ones that refer to Eli (E).

`01:50 - 02:51`

a. ☐ Necesita una mochila y ropa.

b. ☐ Es estudiante.

c. ☐ Es venezolana.

d. ☐ Vive con sus padres.

e. ☐ Está aquí por trabajo.

f. ☐ Es colombiana.

g. ☐ Es su primera semana en la ciudad.

h. ☐ Vive aquí desde agosto de 2010.

i. ☐ Es su primer día de trabajo.

1.6 Watch the rest of the episode and fill in the missing words.

Eli: Muchachos, les presento a Lorena, es (a) .... Él es Alfonso y es (b) ....
Alfonso: (c) ...., Lorena.
Lorena: (d) ....
Juanjo: Yo me llamo Juanjo.
Lorena: Encantada. ¿(e) .... eres? Tu (f) .... no es de aquí...
Juanjo: Yo soy (g) .... (h) .... Madrid.
Eli: Lorena es (i) .... en la ciudad. Es

su primera semana aquí. ¿Quieres conocer la (j) ....?
Lorena: ¡Genial! No conozco a nadie aquí.
Juanjo: Pues ya nos conoces a (k) ....
Eli: ¿(l) .... es tu número de teléfono? Te llamo otro día y quedamos.
Lorena: ¡Estupendo! Apunta.
Lorena: (m) ....
....

1.7 Answer the following questions. If necessary, watch the episode again.

a. When are they going to show Lorena the city?

b. Did they buy the backpacks?

1.8 In groups of three, assign each member a role to play (A, B, or C). Then, prepare a conversation in which Students A and B are friends and Student C is new to the university. Include the following words.

número de teléfono • bienvenido/a • encantado/a • compañeros/as
les presento • ustedes • soy • aquí

1.9 Present your conversation to the class.

DESPUÉS
DEL VIDEO

GRAMÁTICA

1. DEFINITE AND INDEFINITE ARTICLES

» In Spanish, there are four definite articles that correspond to the English *the*.

	Masculine	Feminine
Singular	**el** cuaderno *the notebook*	**la** mochila *the backpack*
Plural	**los** cuadernos *the notebooks*	**las** mochilas *the backpacks*

» In both Spanish and English, the definite article is used to identify and talk about specific people, places, or things we know.

La pizarra es negra. The chalkboard is black.
La profesora es de Perú. The teacher is from Peru.
Los estudiantes son peruanos. The students are Peruvian.

» There are four indefinite articles in Spanish that correspond to the English *a*, *an*, and *some*.

	Masculine	Feminine
Singular	**un** cuaderno *a notebook*	**una** mochila *a backpack*
Plural	**unos** cuadernos *some notebooks*	**unas** mochilas *some backpacks*

» The indefinite article is used to talk about nonspecific people, places, or things.

Eduardo es un amigo. Eduardo is a friend.
San Antonio es una ciudad bonita. San Antonio is a pretty city.
Necesito unos marcadores. I need some markers.

» In Spanish, definite and indefinite articles match nouns in number (singular / plural) and gender (masculine / feminine). Most nouns ending in **–o** are masculine and most ending in **–a** are feminine.

1.1 Write the indefinite and definite articles for the following people and things. Then with a partner, take turns saying the plural forms of each.

........../..........teléfono   ..../..........profesora   ..../..........bolígrafo   ..../..........carpeta

........../..........muchacha   ..../..........mesa   ..../..........estudiante   ..../..........diccionario

1.2 Select an image below and memorize what you see. Then, without looking, identify the objects using **un / una / unos / unas**. Your partner will take notes. Afterwards, compare your partner's answers with the actual image. Did you name all the objects? Switch roles and repeat with another image.

Use **hay** to say *there is* or *there are*:
- **Hay** una mochila y unos lápices.

2. SUBJECT PRONOUNS AND THE VERB *SER*

» Subject pronouns refer to people and often come before the verb to show who is doing the action or is being described. The chart below lists the subject pronouns in Spanish with their meaning in English.

Singular	Plural
yo *I*	nosotros/nosotras *we*
tú *you (informal)*	vosotros/vosotras *you (Spain)*
usted *you (formal)*	ustedes *you*
él *he*	ellos *they (all males or mixed)*
ella *she*	ellas *they (all females)*

» Both **tú** and **usted** are used when speaking directly to someone. Use **tú** when that person is a friend. Use **usted** when speaking to someone in a formal situation or to show respect.

» Use **ustedes** when speaking to a group of people. Your teacher, for example, will address the class as **ustedes**. The English equivalent would be *you all*.

» Use **nosotras** and **ellas** when referring to a group of all females.

» **Vosotros/vosotras** is used in Spain.

¿De dónde son ustedes?

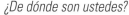

» You have already been using the forms of the verb **ser** to make introductions and say where you and others are from. Here are all the forms of **ser** with the subject pronouns and meaning in English.

SER *(to be)*	
yo **soy** *I am*	nosotros/nosotras **somos** *we are*
tú **eres** *you are*	vosotros/vosotras **sois** *you are (plural, Spain)*
usted **es** *you are (formal)*	ustedes **son** *you are (plural)*
él/ella **es** *he/she is*	ellos/ellas **son** *they are*

» Spanish speakers often omit the subject pronouns when using **yo**, **tú**, **nosotros/as**, and **vosotros/as** since the verb ending already carries that information.

Yo soy de Madrid. *Soy* de Madrid. (The form **soy** can only apply to **yo**.)
Tú eres de Santiago. *Eres* de Santiago. (The form **eres** can only apply to **tú**.)

» **Usted**, **él**, and **ella** use the same form of the verb: **es**.

» **Ustedes**, **ellos**, and **ellas** use the same form: **son**.

1.3 Complete the sentences with the correct form of *ser* to describe the following people. Then check your answers with a partner.

Vocabulario adicional:
también *also*
pero *but*

Esta .... Pamela. No .... estudiante, ... profesora de inglés en México. .... de Estados Unidos. .... muy inteligente.

¡Hola! Nosotros .... amigos. .... estadounidenses pero .... de todas partes. Diego .... de Cuba. Jennifer .... de Chicago. Tomás y Elena .... de México.

To say that something is not true for you, use **no** before the verb.
- Yo no soy de Bogotá, soy de Nueva York. *I'm not from Bogota, I'm from New York.*

1.4 With a partner, select the question you would use to ask the people above where they are from.
¿De dónde eres? • ¿De dónde es usted? • ¿De dónde son ustedes?

1.5 Write a description about yourself, similar to the one in Activity 1.3, and read it aloud to a partner. ¡*Atención!* Be sure to take notes on what your partner says.
 ¡Hola! Yo soy...

Vocabulario adicional:
interesantes,
inteligentes,
responsables,
independientes,
amigos, estudiantes,
estudiantes de español,
de todas partes, de...

1.6 Take turns telling the class what you have in common with your partner and what is different.
 E1: Nosotros somos estudiantes.
E2: También somos estudiantes, pero yo soy estudiante de español.

3. PRESENT TENSE OF *LLAMAR(SE)* AND *TENER*

» You have been using the expression **me llamo** to tell someone your name. The expression comes from the verb **llamar(se)**.

LLAMAR(SE) *(to be called)*	
yo **me llamo** *I am called*	nosotros/as **nos llamamos** *we are called*
tú **te llamas** *you are called*	vosotros/as **os llamáis** *you are (plural, Spain) called*
usted **se llama** *you are called (formal)*	ustedes **se llaman** *you are (plural) called*
él/ella **se llama** *he/she is called*	ellos/ellas **se llaman** *they are called*

» The verb **llamar(se)** literally means *to be called* and not *my name is*. Its meaning in English may sound strange to you, but it is absolutely clear to all Spanish speakers.

● *¿Cómo **te llamas**? What's your name? / What are you called?*
● ***Me llamo** Alberto. My name is Alberto. / I'm called Alberto.*

● *¿Cómo **se llama** el profesor? What's the teacher's name? / What is the teacher called?*
● ***Se llama** Sr. Estevez. His name is Mr. Estevez. / He's called Mr. Estevez.*

» You have also been using the expression **tengo… años** to tell someone your age. This expression comes from the verb **tener**.

TENER…AÑOS *(to be… years old)*	
yo **tengo… años** *I am… years old*	nosotros/as **tenemos… años** *we are… years old*
tú **tienes… años** *you are… years old*	vosotros/as **tenéis… años** *you are… years old (plural, Spain)*
usted **tiene… años** *you are (for)… years old*	ustedes **tienen… años** *you are… years old (plural)*
él/ella **tiene… años** *he/she is… years old*	ellos/ellas **tienen… años** *they are… years old*

» Without **años**, the verb **tener** by itself means *to have*.

*Yo **tengo** una computadora. I have a computer.*
*Los estudiantes **tienen** mochilas. The students have backpacks.*

1.7 _____ Choose the correct form of the question and answer from the options.

Pregunta *(Question)*	Respuesta *(Answer)*
a. ¿Cómo **te llamas / se llaman**?	▶ **Me llamo / Se llama** Isabel.
b. ¿Cuántos años **tienen / tengo** los estudiantes?	▶ **Tienen / Tengo** quince años.
c. ¿**Tienes / Tiene** usted teléfono celular?	▶ Sí, **tengo / tenemos** teléfono celular.
d. ¿Cómo **me llamo / se llama** la bibliotecaria?	▶ **Te llamas / Se llama** Sra. Menéndez.
e. ¿Cuántos años **tengo / tiene** Luis?	▶ **Tiene / Tienes** trece años.
f. ¿Cómo **se llaman / nos llamamos** ustedes?	▶ **Nos llamamos / Se llaman** Ana y Ricardo.

1.8 _____ Prepare some questions to interview a classmate you have not spoken to yet. Ask your classmate his/her name, age, origin/nationality, what he/she does, and what's in his/her backpack. Use the chart to help you prepare your questions in Spanish. After the interview, introduce your classmate to the class using all the information you collected about him/her.

Modelo: Este/Esta es…

Pregunta en español	
name?	....
age?	....
origin?	....
do?	....
backpack?	....

VIDEOCLASES
1 Y 2

DESTREZAS

1. COMPRENSIÓN DE LECTURA

1.1 Fill in the missing information in the chart below.

Masculino	Femenino	País
		República Dominicana
español		
		Estados Unidos
	japonesa	
colombiano		

1.2 Andrea recently became the President of the Asociación Hispánica at her school. Read the e-mail she sent to her friend Michael telling him about the other officers in the club. Can you guess which one is Andrea in the accompanying photo?

⚙ ESTRATEGIA

Guess meaning from context
When you approach a text in Spanish, it is important to learn to use the context to guess the possible meaning of unfamiliar words. Focus on the ideas and not on the meaning of every word. By focusing on what you understand and the accompanying visual clues, you will often be able to figure out the meaning of new words.

● ● ●	Asunto: Asociación Hispánica
De: Andrea	**Para:** Michael

Hola, Michael:
¿Qué tal? Mira, esta es una foto con unos compañeros de la Asociación Hispánica de mi universidad y la Sra. Pérez. Ella es la consejera *(advisor)* de la asociación y también es profesora de español. Es colombiana y habla perfectamente inglés y español. En el comité ejecutivo somos cuatro estudiantes: Mika, Steve, Óscar y yo. Mika es japonesa. Tiene dieciocho años y es estudiante. Mika habla muy bien español, pero a veces usa palabras en inglés.

Steve tiene diecinueve años y es de Baltimore. Comprende mucho español pero tiene dificultades para hablar. Todos los días habla con sus amigos por teléfono. Tiene un perro, se llama Chato. Tiene muchas fotos de Chato en su celular.
Óscar es estudiante. Es dominicano y tiene dieciocho años. Habla mucho en clase y siempre escucha música en su mp4. Quiere ser médico y trabajar en un hospital.
En las reuniones solo hablamos en español y es un poco difícil comprendernos, pero es muy divertido.
Hasta luego,
Andrea

1.3 Answer the following questions about Andrea's e-mail. Then check your answers with a partner.

a. ¿Quién *(Who)* tiene diecinueve años?

b. ¿Cómo se llama la muchacha japonesa?

c. ¿Qué hace la Sra. Pérez?

d. ¿Cómo se llama el muchacho que tiene dieciocho años?

e. ¿De dónde es Óscar?

f. ¿Cuántos años tiene Mika?

g. ¿Cómo se llama el perro de Steve?

2. EXPRESIÓN ESCRITA

1.4 The following people have just been selected to serve on the executive committee of the Spanish club at your school. Write an e-mail introducing them to the rest of the members of the club. Before you being to write, read the strategy and follow the suggestions provided.

⚙ **ESTRATEGIA**

Brainstorm ideas about what you are going to write

Make a list of words and structures you already know in Spanish and expect to use to write about the people in the photo. Create a chart, like the one below, to help you organize your ideas and information..

Vanessa   Sr. Díaz   Alfonso

Jessica   Erin

Nombre	Profesión	Nacionalidad	Edad
Vanessa	....	....	....
el Sr. Díaz	....	....	....
Alfonso	....	....	....
Jessica	....	....	....
Erin	....	....	....

1.5 Use the information you prepared to write your e-mail.

● ● ●	Asunto: Comité ejecutivo	
De:	Para:	Los miembros de la Asociación Hispánica

¡Hola a todos!
¿Qué tal? Esta es una foto del nuevo comité ejecutivo de la Asociación Hispánica.
El Sr. Díaz es…

Hasta luego,
. . .

3. INTERACCIÓN ORAL

1.6 Introduce yourself to a group of Spanish professors who are looking for another candidate to add to the executive committee. Include the following information in your presentation.

⚙ **ESTRATEGIA**

Talk (don't read)

Look at your notes only occasionally. Remember it is more important for you to present your information in a natural and relaxed way than it is to capture word for word what you have prepared.

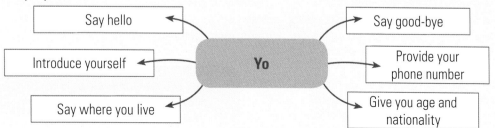

HISPANOS en EE. UU.

Inmigrantes hispanos protestan contra la reforma de la ley de inmigración en 2006.

Los primeros hispanos llegaron a Estados Unidos en el año 1513. Ahora representan casi un cuarto* de la población de este país. Son jóvenes, influyentes y grandes consumidores, pero, ¿qué más sabes de ellos?

Ponce de León   USA 20c

Sello postal con el retrato de Juan Ponce de León

Jennifer Lopez, latina influyente y defensora de los hispanos en EE. UU.

«La comunidad hispana en EE. UU. es una de las de mayor crecimiento*. En 2025, uno de cada cuatro estadounidenses será hispano», dice Pablo A. Piccato, profesor de Historia en la Universidad de Columbia, Nueva York. «Unos cincuenta y dos millones de hispanos viven ahora en Estados Unidos. Forman una comunidad diversa y joven, con una edad promedio* de veintiocho años. Además, tienen un peso* político importante», afirma Piccato.

¿Crees que la comunidad hispana es diversa? ¿Por qué?

LA INFLUENCIA HISPANA

Actualmente, más de treinta y siete millones de personas hablan español en Estados Unidos.

El español es considerada la segunda lengua en este país y la influencia hispana se observa en las series de televisión, la comida, la música, los deportes, la moda, la política y la cultura popular.

El 78% de la población no hispana afirma que los hispanos tienen una gran influencia en la cultura norteamericana.

Jennifer Lopez, una de las latinas más famosas, declaró en 2013: «Los hispanos nos estamos dando cuenta de nuestro poder, de que somos importantes. De que no somos solo las personas que trabajan detrás de la escena, en las cocinas, en los jardines o como plomeros».

¿Qué dos elementos de la cultura hispana conoces*?

Basílica de San Francisco de Asís en Nuevo México

EL VOTO HISPANO

En la política, los hispanos también tienen gran influencia. Por ejemplo, la jueza de la Corte Suprema, Sonia Sotomayor, hija de padres puertorriqueños, sería una candidata ideal a la presidencia de EE. UU., según la organización VotoLatino, que trabaja para crear conciencia cívica en los jóvenes hispanos. Ellos dicen que Sotomayor «representa las aspiraciones de los inmigrantes y americanos».

En las elecciones presidenciales de 2012 el voto hispano fue decisivo:

· El 10% de los votantes* fue hispano.
· Un 70% eligió a Barack Obama.
· Los votantes vivían en estados influyentes en el recuento* final como California, Texas, Florida y Nuevo México.

> ¿Conoces algún político de origen hispano?

LOS HISPANOS, GRANDES CONSUMIDORES

En una reciente estadística de la empresa IBISworld, los hispanos aparecieron como grandes consumidores. Esto es un incentivo para los comerciantes, que han incorporado elementos de la cultura latinoamericana para atraer clientes. Por ejemplo, algunos centros comerciales como el **Fiesta Mall** (Mesa, Arizona) o la capilla* de Saint Francis, en el centro comercial **Prudential Center** (Boston, Massachusetts), ofrecen misas el doce de diciembre. Este es un día especial para la comunidad mexicana, ya que se celebra el día de la Virgen de Guadalupe, protectora del país y muy querida por la gente.

La Virgen de Guadalupe

> Y tú, ¿consumes algún producto de carácter hispano?

LOS HISPANOS EN LA HISTORIA

· Después de los nativos americanos, los hispanos son la comunidad más antigua de EE. UU.
· El primer español llegó a la costa este de EE. UU. en 1513. Se llamaba Juan Ponce de León y llamó a esta zona «La Florida».
· Muchos nombres tienen origen español o latino: Florida, Nuevo México, Louisiana, Los Ángeles, Arizona, Nevada. En estas zonas se ve la influencia española en la arquitectura, especialmente en el estilo de las casas y las iglesias católicas.
· El español se hablaba en EE. UU. antes que el inglés.
· El español y el inglés han coexistido durante más de cuatrocientos años.

> ¿Qué otros lugares con nombre español conoces?

DO A QUICK INTERNET SEARCH FOR THE FOLLOWING INFORMATION

a ¿Cuál es el porcentaje de población hispana en tu estado?

b ¿Cuál es el número de hispanos en tu universidad?

c ¿Qué cinco personas de origen hispano tienen influencia en tu país? ¿Por qué?

VOCE ATINAS

Hispanos influyentes en EE.UU.

GLOSARIO			
la capilla – chapel	el cuarto – quarter, fourth	el recuento – election returns
conoces – you know	el peso – weight	el votante – voter
el crecimiento – growth	el promedio – average	

Fuentes: The Hispanic Council, Pew Research, Conill, Instituto Cervantes, BBC Worldwide, Census Bureau, PBS.

EN RESUMEN

Situación

En el centro de estudiantes internacionales
You have volunteered to take a group of international students on a campus tour during orientation week.

LEARNING OUTCOMES

	ACTION

Give your age and say where you are from

1.1 Introduce yourself to the group and tell them a little about yourself. Complete the following to use as a guide.

Greeting: .... Age: .... Other information: ....
Name: .... Origin/nationality: ....

Say hello, good-bye, and make introductions

1.2 During your campus tour you come across Sr. Molina, your Spanish professor. Greet him appropriately. Then introduce each of the students in your group and say where they are from. Your partner will act as Sr. Molina. Switch roles.

Cuba   Estados Unidos   España   Francia   México

Raúl ....   Dan y Eve ....   Belén ....   Gaby y Marie ....   Arturo y Gus ....

Ask others about themselves

1.3 As you walk through campus, you take time to talk to your group and ask them questions about themselves. Prepare five questions you could ask them. Take turns asking and answering the questions with a partner.

1.4 Part of the tour includes visiting different buildings on campus. Say who the following people are or the profession students are studying for.

Identify some common professions

Él ....   Ella ....   Ella estudia para ser.........   Ella practica para ser ....   Él estudia para ser ....

Express dates and phone numbers

1.5 At the end of your tour, tell students the date for the first day of class *(el primer día de clase)*, exchange phone numbers, and say good-bye. Take turns with a partner.

LISTA DE VOCABULARIO

Saludos Greetings

Buenos días. Good morning.
Buenas tardes. Good afternoon.
Buenas noches. Good evening / night.
¿Qué tal? What's up?
¿Qué tal estás? How are you doing?

Presentaciones Introductions

Mire, le presento a (al)… Look, I'd like to introduce you to…
Mira, este / esta es… Hey, this is…
Mira, estos / estas son… Hey, these are…
Encantado/a. Delighted.
Mucho gusto. Pleased to meet you.
¿Cómo está? How do you do? (formal)

Despedidas Saying good-bye

Adiós. Good-bye.
Hasta luego. See you later.
Hasta pronto. See you soon.

Pedir información Asking questions

¿Cómo te llamas? What's your name?
¿Cuántos años tienes? How old are you?
¿De dónde eres? Where are you from?
¿Dónde vives? Where do you live?
¿Qué haces? What do you do?

Profesiones Professions

actor / actriz actor / actress
cantante singer
escritor/a writer
futbolista soccer player
ingeniero/a engineer
médico/a doctor
profesor/a teacher
tenista tennis player

Nacionalidades Nationalities

chileno/a Chilean
chino/a Chinese
coreano/a Korean
cubano/a Cuban
dominicano/a Dominican
ecuatoriano/a Ecuadorian
español/a Spanish
francés / francesa French
indio/a Indian
inglés / inglesa British
italiano/a Italian
japonés / japonesa Japanese
mexicano/a Mexican
peruano/a Peruvian
puertorriqueño/a Puerto Rican

Artículos Articles

el / la the (for singular nouns)
los / las the (for plural nouns)
un / una a, an
unos / unas some, a few

Pronombres de sujeto Subject pronouns

yo I
tú you (informal)
usted you (formal)
él he
ella she
nosotros/as we
vosotros/as you (plural, informal, Spain)
ustedes you, you all (plural)
ellos they (males or mixed)
ellas they (females)

Verbos Verbs

llamar(se) to be called
ser to be
tener to have
tener… años to be… years old

Palabras y expresiones útiles Useful words and expressions

amigo/a friend
¿Cuándo es tu cumpleaños? When is your birthday?
pero but
perro dog
¿Qué día es hoy? What's today's date?
¿Quién? Who?
Señor (Sr.) Mr.
Señora (Sra.) Mrs.
Señorita (Srta.) Miss./Ms.
también also

2

EN CASA

Hablamos de…	Vocabulario y comunicación	¡En vivo!	Gramática	Destrezas	Sabor latino	En resumen
• Una ciudad española	• **La casa y los colores:** Talking about preferences • **Los muebles y los números del 32 al 101:** Expressing opinions	• **Episodio 2 Unos muebles ho-rri-bles:** Focusing on intonation	• Gender, number, and agreement of nouns and adjectives • Present tense of regular -ar verbs • Verb *estar*	• **¿Pueblo o ciudad?** – **Comprensión de lectura:** Guessing meaning from context – **Expresión escrita:** Using models – **Interacción oral:** Visualizing your topic	• **Ser joven en España**	• **Situación:** Encuentra el apartamento ideal • Vocabulario
	Pronunciación					
	• The sounds of **h**, **ll** and **y**					

El muchacho se llama Pablo. Vive en una casa grande.

- ¿Cuántas personas hay en total?
- ¿Están en casa o en clase?
- ¿Cuántos años tienen las muchachas?
- Y tú, ¿estás en casa o en clase?

LEARNING OUTCOMES

By the end of this unit, you will be able to:

- Express opinions and preferences
- Describe people, places, and things
- Talk about your home
- Talk about activities
- Say where you and others are

2.1 Look at the image of Isabel and her friends in Barcelona. Then choose the correct answer to complete the sentences based on what you see or can infer from the image.

1. ¿Quién es Isabel?
a. Una cantante.
b. Una profesora.
c. Una turista.

2. ¿Qué tiene Isabel en las manos?
a. Un mapa.
b. Una tableta.
c. Una cámara.

3. ¿En qué país están los amigos?
a. Argentina.
b. España.
c. Estados Unidos.

4. ¿Qué aparece en la foto?
a. Un monumento.
b. Un hospital.
c. Una escuela.

2.2 Read more about Isabel. Find out the name of the structure in the photo and who designed it.

Hola, me llamo Isabel. Tengo veinticuatro años y soy de Valencia, una ciudad *(city)* que está en la costa este de España.
Estoy en Barcelona, mi ciudad favorita. Tengo muchas fotos de la ciudad. Esta es de la Sagrada Familia, un monumento del arquitecto Gaudí, muy famoso en España. También tengo fotos del Parque Güell, otra de sus obras *(works)* más originales.

a. ¿Cómo se llama el edificio *(building)*?
b. ¿Quién es el arquitecto?
c. ¿Qué otra obra es del mismo *(same)* arquitecto?

📋 APUNTES: Las ciudades españolas

✓ Madrid, la capital de España, es la ciudad más grande, seguida por Barcelona y Valencia.

✓ El 78 % de la gente española vive en ciudades. El 22 % vive en zonas rurales.

✓ Antoni Gaudí (1852-1926) y Rafael Moneo (1937) son dos de los arquitectos más famosos de España. Entre las obras de Moneo está la nueva ampliación del Museo del Prado en Madrid (2007) y la Catedral de Nuestra Señora de los Ángeles en Los Ángeles (2002).

2.3

⟨20⟩
Listen to the conversation between Isabel and her friend Martín after her trip. Then decide whether the statements are true (T) or false (F) based on the conversation.

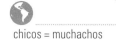
chicos = muchachos

Martín: Hola, Isabel, ¿qué tal el viaje? ¿Tienes las fotos de Barcelona?
Isabel: Sí, mira, aquí están.
Martín: En esta foto estás en la Sagrada Familia, ¿verdad?
Isabel: Sí, es un lugar *(place)* muy bonito y conocido.
Martín: Para mí, esta foto es bellísima. ¿Dónde es?
Isabel: Es en el Parque Güell, otro lugar importante de la ciudad.
Martín: ¿Y cuál es tu foto favorita?
Isabel: Esta. Estoy con dos amigas en la Casa Milà, otro edificio conocido de Gaudí.
Martín: ¿Quiénes son estos chicos?
Isabel: Se llaman Karen y Mateo, son mexicanos, pero viven en Barcelona.
Martín: Para ti, ¿cómo es la gente *(people)* en Barcelona?
Isabel: Es muy simpática y amable.
Martín: Para mí, también.
Isabel: Mira, aquí tienes más fotos.

Parque Güell

	T	F
a. Isabel solo tiene tres fotos de Barcelona.	☐	☐
b. En una foto, Isabel está en la Casa Milà.	☐	☐
c. Para Martín, la Sagrada Familia es un lugar muy bonito.	☐	☐
d. Karen es una amiga mexicana.	☐	☐
e. Para Martín, la gente de Barcelona no es simpática.	☐	☐

Casa Milà

2.4

Here are some more of Isabel's photos of Barcelona. Choose the one you like best. With a partner, use the information in the photo and the *Modelo* to talk about your preference. Then switch roles.

Modelo: E1: Mira estas fotos de Barcelona.
E2: ¡Qué bonitas! ¿Cuál es tu favorita?
E1: Para mí, es esta de…
E2: ¿Qué es?
E1: Es…

Camp Nou, estadio de fútbol del equipo F. C. Barcelona

La Rambla, calle peatonal con tiendas

Monumento a Cristóbal Colón

1.A VOCABULARIO: LA CASA Y LOS COLORES

marrón = color café,
castaño
naranja = anaranjado
rojo = colorado

**Vocabulario
adicional**

rosado
morado

Colors in Spanish agree
in number and gender
with the noun.
- La mes**a** es amarill**a**.
- Los cuadern**os** son
  amarill**os**.

2.1 Complete the sentences using the words you know for the items in the images. Then listen
to the audio to check your answers.

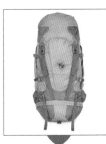 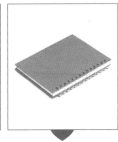  

La .... es verde . El .... es
anaranjado .
La .... es azul . La .... es marrón .

La .... es gris . El .... es negro . El .... de español El .... es blanco .
es rojo y amarillo .

2.2 Nieves is on her way home to her new apartment in Madrid after buying some new things
for it. With a partner, take turns describing the colors of the items in the image.

el edificio

la bolsa
pequeña

el vestido

la calle

el paso
de peatones

el cielo

el sombrero

los árboles

la bolsa grande

las sandalias

2.3 _____ Nieves sent some photos of the apartment she just decorated to the magazine *Mi Casa*. Identify the rooms of her apartment according to the descriptions she provides.

🌎 ....
el cuarto, la recámara
= el dormitorio
la sala de estar =
el salón
el apartamento =
el piso

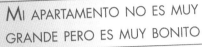

Mi apartamento no es muy grande pero es muy bonito

1. ☐ Esta es la cocina. Es mi cuarto favorito porque aquí preparo comida para los amigos.

2. ☐ Este es el salón. Es pequeño pero hay espacio para un sofá, dos sillas y una mesa.

3. ☐ Este es el dormitorio. Aquí estudio y uso la computadora.

4. ☐ Este es el cuarto de baño. No es muy moderno pero es perfecto para mí.

2.4 _____ Nieves uses a lot of color in her decorating style. Take turns asking each other about the color of each room in her apartment.

a. ¿De qué color es la cocina?

b. ¿De qué color es el dormitorio?

c. ¿De qué color es el cuarto de baño?

d. ¿De qué color es el salón?

2.5 _____ Listen to another student talk about her favorite rooms and colors. Then match the room to the correct color.

1. el salón	**a.** verde	
2. la clase	**b.** amarillo	
3. la cocina	**c.** blanco	
4. el dormitorio	**d.** anaranjada	

2.6 Read the following ads for two different style homes on the market. Then with a partner, complete each card below with information from the ad. Include the piece of information you and your partner would consider to be an advantage *(ventaja)* and a disadvantage *(desventaja)*.

Se vende un piso con tres habitaciones, una cocina completamente equipada y dos baños. El salón tiene balcón. Situado en el centro de la ciudad. Necesita reforma.

Teléfono de contacto: 91 590 34 16.

Casa en venta tipo chalé en las afueras de la ciudad. Está en la zona norte de Buenos Aires, a treinta kilómetros del centro. La casa tiene tres dormitorios, cocina americana, living, comedor, baño, cochera para dos carros, jardín y parrilla.

– Tipo de vivienda: ....
– Habitaciones: ....
– Localización: ....
– Ventaja: ....
– Desventaja: ....

– Tipo de vivienda: ....
– Habitaciones: ....
– Localización: ....
– Ventaja: ....
– Desventaja: ....

2.7 Compare your answers with two other student pairs. Do you agree on the advantages and disadvantages?

1.B COMUNICACION: TALKING ABOUT PREFERENCES

Para preguntar	Para responder
¿Cuál es tu deporte favorito?	(Mi deporte favorito es) el tenis.
¿Cuál es tu animal favorito?	(Mi animal favorito es) el gato.
¿Cuál es tu comida *(food)* favorita?	(Mi comida favorita es) la pasta.
¿Cuál es tu asignatura favorita?	(Mi asignatura favorita es) Historia.

¿Cuál es tu animal favorito? ¿El perro o el gato?

2.8 With a partner, take turns asking and talking about the rooms in your house. Ask about colors and his/her preferences.

¿Cuál es tu habitación favorita en casa?

Para mí, es la cocina.

¿De qué color es?

Es blanca.

2.9 In groups of four, take turns asking your classmates about their favorite things. Choose a classmate from the group to record the results. Use the vocabulary from the chart below for more options.

Modelo: ¿Cuál es tu… favorito/a?

Encuesta sobre gustos:

asignatura • deporte • mascota *(pet)* • comida • ciudad

Here are some of the subjects you study in school and sports you play. Can you guess what they are?		Which foods are your favorite?

Asignaturas		Deportes *(sports)*	Comida
Arte	Historia	el baloncesto / el básquetbol	el pescado *fish*
Biología	Literatura	el béisbol	la carne *meat*
Ciencias	Informática / Computación	el fútbol	el pollo *chicken*
Economía	Matemáticas	el fútbol americano	la fruta *fruit*
Español	Música	el golf	la verdura *vegetables*
Física		el tenis	el pan *bread*
		el vóleibol	

2.10 Share the results from your group with the class.

Modelo: Para mi grupo, la asignatura favorita es…

2.A VOCABULARIO: LOS MUEBLES Y LOS NÚMEROS DEL 32 AL 101

la bañera = la tina

2.11 Look at the list of words for furniture in Spanish and then with a partner, match the words to the appropriate image. Try to make your best guesses at unfamiliar words. Then listen to the audio to check your answers and fill in the ones you missed.

el armario • la estufa • la cama • el horno • la bañera • el lavabo • la ducha
la mesa • el espejo y la cómoda • la mesilla • la estantería • el sofá

Grouping related words into categories makes it easier to learn vocabulary.

2.12 Write the names of the furniture and household items in the appropriate column below. Then check your answers with a partner.

Modelo: E1: ¿Dónde pones *(put)* la estufa?

E2: En la cocina.

La cocina	El dormitorio	El cuarto de baño	El salón

2.13 Describe your room and the furniture in it to your partner. Include the color and size of the items. Your partner will try to recreate it on a separate piece of paper. If you don't have colored pencils, write the color of the item instead.

Modelo: Tengo un dormitorio muy bonito.

Tengo una cama azul.

Tengo dos mesillas y una silla anaranjada.

Tengo un armario marrón muy grande.

2.14 Follow along as you listen to the audio for the numbers below. Then write three new numbers (not listed) on separate pieces of paper. Hold up each one for your partner to say in Spanish.

32	treinta y dos	76	setenta y seis
40	cuarenta	80	ochenta
43	cuarenta y tres	87	ochenta y siete
50	cincuenta	90	noventa
54	cincuenta y cuatro	98	noventa y ocho
60	sesenta	99	noventa y nueve
65	sesenta y cinco	100	cien
70	setenta	101	ciento uno

Use **y** after the number treinta:
- Veintinueve, treinta, treinta y uno…

Use **cien** for one hundred (100) and **ciento** for numbers higher than one hundred:
- Cien, ciento uno, ciento dos…

2.15 Write the words for the numbers you hear. Then check your answers with a partner.

a. .... c. .... e. ....
b. .... d. .... f. ....

2.16 Take turns with a partner asking and giving prices for the furniture and items at the yard sale below.

Estudiante 1:
1. la cómoda azul
2. la silla blanca
3. el espejo pequeño

Estudiante 2:
1. la silla anaranjada
2. la mesilla blanca
3. la cómoda amarilla

To talk about prices, use:
- ¿Cuánto cuesta la mochila? *How much is the backpack?*
- Cuesta treinta dólares. *It costs thirty dollars.*

2.17 You are looking for some inexpensive furniture for your room. With a budget of $100 to spend, ask your partner how much two items would cost at the yard sale. Negotiate to get the price you want.

Modelo: E1: ¿Cuánto cuestan la silla blanca y la cómoda azul?
E2: Cuestan ciento cuarenta y tres dólares.
E1: Solo tengo cien dólares.
E2: Lo siento. *(Sorry.)* / Está bien. Trato hecho. *(It's a deal.)*

Para mí, *For me,*		fantástico. *fantastic.*
Para ti, *For you,*		genial. *great.*
Para usted, *For you (formal),*		fácil. *easy.*
Para él/ella, *For him/her,*	el español es	divertido. *fun.*
Para nosotros/as, *For us,*	*Spanish is*	interesante. *interesting.*
Para vosotros/as, *For you (pl., Spain),*		importante. *important.*
Para ustedes, *For you (all),*		aburrido. *boring.*
Para ellos/ellas, *For them,*		difícil. *difficult.*

En mi opinión, *In my opinion,*
Pienso / Creo / Opino que… *I think / I believe / My opinion is that…*

» Showing agreement and disagreement with someone's opinion:

?	✓	✗
¿Y para ti?	Para mí, también. *For me too.*	Para mí, no. *Not for me.*
¿Verdad?	Sí, es verdad. *Yes, that's true.*	No, no es verdad. *No, that's not true.*
¿Qué crees?	Creo que sí. *I believe so.*	Creo que no. *I don't believe so.*

2.18 Complete the conversations according to the cues in parenthesis. Then listen to the audio to check your answers.

a. **Mateo:** Para mí, España es un país muy bonito. ¿Y para ti?
Belén: … *(Show agreement)*

b. **Jesús:** Para mí, el fútbol americano es fantástico. ¿Y para ustedes?
María y Daniel: … *(Show disagreement)*

c. **Pedro:** Para ti, el español es un idioma muy fácil, ¿verdad?
Jorge: … *(Show agreement)*

2.19 Listen to María and Juan as they are interviewed about their preferences. Decide if they agree or disagree about the following. Check your answers with a partner. Then tell him/her if you agree or disagree with the statements.

	✓	✗
a. La gente de Estados Unidos es abierta.	☐	☐
b. El fútbol es un deporte divertido.	☐	☐
c. El inglés es una lengua difícil.	☐	☐
d. Una ciudad pequeña es aburrida.	☐	☐
e. Es interesante leer *(to read)* todos los días.	☐	☐

2.20 With a partner, take turns asking about and selecting the best room for each of the following objects. Then come up with two more objects to ask the class.

> Modelo: E1: ¿Qué habitación es mejor para poner…
>
> E2: Yo creo que la mejor habitación es…
>
> E1: No, para mí es…

…un microondas?

…un televisor?

…una foto de tu familia?

…una silla mecedora?

…un espejo pequeño?

…un televisor pequeño?

2.21 In groups of three or four, take turns expressing your preferences and asking your partner for his/her opinion about the following topics: *el fútbol, la comida china, la música rap, la clase de Ciencias.*

> Modelo: E1: Para mí / Creo que / En mi opinión, el fútbol es un deporte muy divertido.
>
> E2: ¿Sí? Pues para mí, no. Mi deporte favorito es el béisbol.

PRONUNCIACIÓN

THE SOUNDS OF *H, LL* AND *Y*

2.1 Read about the sounds these letters make. Then with a partner, practice reading aloud the sentences next to the explanations.

Letter	Sounds like:	Examples
h	▶ The letter **h** in Spanish is silent.	– **H**ablo inglés. – **H**ola, amigos. – A**h**ora son las tres de la tarde. – La enfermera está en el **h**ospital.
ll	▶ When used together **ll** makes the sound of the **y** in **yet**.	– ¿Cómo te **ll**amas? – Esta es la **ll**ave (key) de mi casa. – Tengo una mesi**ll**a amarilla. – Vivo en la ca**ll**e Vi**ll**anueva.
y	▶ The letter **y** in Spanish is similar to the sound of **ll** or the English **y** in **yet**. When it stands alone to mean **and** or when it comes at the end of a word, **y** is pronounced like **ee** in the English **see**.	– **Y**olanda tiene treinta **y** dos años. – Ho**y** es el treinta **y** uno de mayo. – Maya **y yo** somos amigos. – Estoy bien, ¿**y** tú?

Unos muebles ho-rri-bles

① ② ③

ANTES DEL VIDEO

2.1 Take turns with a partner describing the items you see in your classroom. Do you know the words for all the objects you see? List the items you can identify in Spanish and the items you don't know how to say.

Palabras que conozco *(I know)*: ....

Palabras que no conozco: ....

2.2 Look at the images and write what you think happens in the episode based on what you see. Work with a partner and make your best guesses.

....

....

....

2.3 In Image 1, Juanjo is measuring furniture to make sure it fits in the room. Watch the segment and write the expression he uses as he measures the table.

00:50 - 01:21

....

⚙ ESTRATEGIA

Focusing on intonation

Listening to the intonation people use when speaking helps you understand the type of message being conveyed. Listen for the rise and fall of their voices to help you recognize questions, surprise, or whether they are making a positive or negative comment. Observing the gestures people use helps to complete the message and overall comprehension.

DURANTE EL VIDEO

2.4 Before watching the next segment, look at Image 2 and identify the words from the list that appear in the image.

☐ mesa	☐ habitación	☐ armario
☐ silla	☐ cama	☐ libro
☐ muebles	☐ puerta	☐ mesilla
☐ lámpara	☐ televisión	☐ espejo
☐ estantería	☐ alfombra	☐ sofá

2.5 Now watch the segment and identify all the words from the previous activity you hear mentioned.

`00:00 - 02:16`

2.6 Write the three expressions Juanjo and Alfonso use to express their opinions about the furniture.

`01:50 - 02:32`

Expresar opinión:

1. .... **2.** .... **3.** ....

2.7 Listen for the ways Alfonso asks Eli for her opinion. What does he say?

`04:22 - 05:08`

Pedir opinión:

1. .... **2.** ....

2.8 With a partner, take turns measuring the following items in your classroom (plus one of your own choosing) and taking down the information. If you don't have a ruler, make up your own units of measure!

mesa • silla • puerta • libro • otro: ....

2.9 In the episode, the three characters used the following adjectives to describe the furniture. Use these adjectives and write your own sentence to describe objects or people in your class. Pay attention to the correct forms for number and gender.

`01:30 - 04:15`

a. blanca ....
b. verde ....
c. azul ....
d. feos ....
e. elegantes ....
f. modernos ....

g. antiguo ....
h. baratos ....
i. de segunda mano ....
j. horribles ....
k. grande ....
l. pequeña ....

DESPUÉS DEL VIDEO

2.10 How would you describe Juanjo and Alfonso's furniture? Write what you think about it and then share your opinion with a partner. Do you have similar descriptions?

....

GRAMÁTICA

1. GENDER, NUMBER, AND AGREEMENT OF NOUNS AND ADJECTIVES

Exceptions:
el problema, **el** día,
el mapa, **el** diploma,
la mano, **la** radio…

NOUNS

» In Spanish, words that name a person, place or thing (nouns) are grouped into two genders: masculine and feminine. All nouns (both persons and objects) fall into one of these groups. Most nouns that end in –**o** are masculine, and most nouns that end in –**a** are feminine.

> **el** bolígraf**o** (masc.) *the pen*
> **la** cámar**a** (fem.) *the camera*

Tiene un diploma en la mano.

ADJECTIVES

» Adjectives are words that describe nouns. The adjective must agree in gender (masculine or feminine) and number (singular or plural) with the noun it modifies. Look at the chart below to see how adjectives change to show agreement with feminine nouns.

	Masculine	Feminine
Adjectives that end in –**o**, change to –**a**	bonit**o**	bonit**a**
Adjectives that end in –**e**, no change	grand**e**	grand**e**
Adjectives that end in a consonant, no change	azu**l**	azu**l**
Nationalities that end in a consonant, add –**a**	españo**l**	españo**la**

PLURALS OF NOUNS AND ADJECTIVES

» Look at the chart below to see how plurals are formed for both nouns and adjectives.

	Nouns	Adjectives
Words that end in a vowel, add –**s**	mes**a** / mes**as**	grand**e** / grand**es**
Words that end in a consonant, add –**es**[1]	acto**r** / acto**res**	azu**l** / azu**les**

[1] Words that end in a –**z**, change –**z** to –**ces**: *lápiz / lápices*.

AGREEMENT

» In Spanish, articles and adjectives must agree in number and gender with the nouns they modify.

Masculine	Feminine
el carr**o** nuev**o** y azul	la sill**a** nuev**a** y azul
los carro**s** nuevo**s** y azul**es**	las silla**s** nueva**s** y azul**es**

2.1 Write the feminine forms of the following adjectives. Then with a partner, take turns describing the images. Use the adjectives from the list and others that you know.

Modelo: aburrido ▶ aburrida
La clase es aburrida.

a. horrible ▶ ....
d. verde ▶ ....
f. grande ▶ ....

b. divertido ▶ ....
e. guapo ▶ ....
g. difícil ▶ ....

c. pequeño ▶ ....

la clase

la ducha

el sofá

la comida

la habitación / la cama

la mujer

el perro / la silla

2.2 Complete the sentences according to the information in parenthesis and your own preferences. *¡Atención!* Make sure to show agreement with the adjectives provided. Then take turns sharing your opinions with a partner. Report back to the class the answers you have in common.

Expressing opinions:
Para mí / Para nosotros,
En mi opinión…
Creo que…

Modelo: (actor) Ryan Gosling es guapo.

a. (actriz) .... es guapa.

b. (animal) .... son pequeños.

c. (color de carro) .... son bonitos.

d. (nombre de un deporte) .... es divertido.

e. (clase) .... no es interesante.

f. (nacionalidad) La comida .... es mi favorita.

g. (cantante) .... es mi cantante favorita.

2. PRESENT TENSE OF REGULAR –*AR* VERBS

» Spanish has three groups of verbs which are characterized by the ending of the infinitive. The largest group of Spanish infinitives end in –**ar**. You will learn about the other two groups in Unidad 3. First look at the following infinitives in Spanish and their meaning in English.

Spanish Infinitive	English Infinitive	Spanish Infinitive	English Infinitive
bailar	*to dance*	estudiar	*to study*
caminar	*to walk*	hablar	*to speak*
cantar	*to sing*	mandar	*to send*
comprar	*to buy*	pasear	*to go for a walk*
descansar	*to rest*	trabajar	*to work*
escuchar	*to listen to*	viajar	*to travel*

» In Spanish, we use a formula to conjugate verbs, that is, to show who is doing the action. To form the present tense of verbs ending in –**ar**, drop the –**ar** ending from the infinitive, and add the appropriate ending as shown in the chart below.

Subject pronoums	Hablar	Endings for -ar verbs		
yo	habl	**–o**	habl**o**	*I speak*
tú	habl	**–as**	habl**as**	*you speak (informal)*
usted / él / ella	habl	**–a**	habl**a**	*you speak (formal) / he speaks / she speaks*
nosotros/as	habl	**–amos**	habl**amos**	*we speak*
vosotros/as	habl	**–áis**	habl**áis**	*you (plural, Spain) speak*
ustedes	habl	**–an**	habl**an**	*you (plural) speak*
ellos / ellas	habl	**–an**	habl**an**	*they speak*

2.3 (28)

Listen to the verb forms and choose the correct subject pronoun for each verb.

(Modelo:) You hear: cantamos   You write: nosotros

a. .... c. .... e. .... g. ....

b. .... d. .... f. .... h. ....

2.4

Read the following text about Juana and underline all the –*ar* verbs. Then identify the infinitive form for each of the *-ar* verbs. Check your answers with a partner.

Esta muchacha se llama Juana, no es de aquí. Es española y estudia francés. Habla inglés muy bien. Toca la guitarra en un grupo y canta. También escucha todo tipo de música en su mp4. Su mejor amigo se llama Mario. Estudia en Madrid, pero viaja mucho. Ahora está en Ecuador. Ellos siempre pasean por el parque del Retiro los fines de semana y visitan otras ciudades.

2.5

Complete the following sentences to describe what you and others do using the correct form of the verb and one of the options in parenthesis (or use one of your own). Then share your answers with a partner. What do you have in common?

a. En casa, yo (hablar) .... (mucho / español / inglés /…).

b. Yo (escuchar) .... música en (mi mp4 / mi computadora / mi teléfono celular /…).

c. Mi amigo (llamarse) .... (Bart / Paco / Jack /…).

d. Él (estudiar) .... (Matemáticas / Español / Biología /…).

e. Mi amigo y yo (pasear) .... por (el parque / la ciudad / la calle /…).

f. Yo normalmente (preparar) .... la comida (para mi amigo / para mi perro / para mí /…).

2.6 Answer the following questions about yourself. Then interview your classmates to find at least two others with the same answers as you. Call out *¡Alto el fuego!* when your chart is complete. Report back to the class to confirm your answers.

	Yo	Compañero/a 1	Compañero/a 2

a. ¿Estudias más en casa o en la biblioteca?

b. Generalmente, ¿qué día estudias más?

c. ¿Cantas en la ducha, en el carro, en el espejo o no cantas?

d. ¿Hablas más por teléfono o mandas mensajes de texto?

e. ¿Compras los libros de clase por Internet o en la librería?

> Use **más** after the verb to say you do something *more*.

3. THE VERB *ESTAR*

» The verb **estar** also ends in –**ar**, but it is considered irregular because it does not follow the same formula as regular –**ar** verbs. Look at the forms below.

ESTAR			
yo	estoy	nosotros/as	estamos
tú	estás	vosotros/as	estáis
usted/él/ella	está	ustedes/ellos/ellas	están

» The verb **estar** is used to express where someone or something is located.
   Yo **estoy en** clase. *I'm in class.*   Juan **está en** Barcelona. *Juan is in Barcelona.*

» It is also used to express how you and others are feeling.
   ¿Cómo estás? How are you?   *Estoy bien. I'm fine.*   *Estoy contento. I'm happy.*

» Here are some adjectives that describe how someone is feeling.
   bien *well*   contento/a *happy*   enfermo/a *sick*   triste *sad*
   Hoy estoy muy **contento** *porque empiezan las vacaciones. I'm very happy today because it's the start of vacation.*
   Maria está **enferma**. *Tiene gripe. Maria is sick. She has the flu.*

2.7 Match the people to the correct form of the verb *estar* to complete the sentences.

1. Alberto
2. Me llamo Dani y
3. Los estudiantes
4. Luisa y tú
5. Tú

a. estás contenta.
b. están en España.
c. están tristes.
d. estoy en Internet.
e. está en la biblioteca.

2.8 With a partner, take turns asking each other where the people in the photos are and how they are feeling. Use *Dónde está(n)* and *Cómo está(n)* in your questions. *¡Atención!* Be sure to use the correct form of the adjective when describing these people.

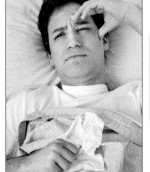

**VIDEOCLASES
3 Y 4**

DESTREZAS

1. COMPRENSIÓN DE LECTURA

2.1 You are going to read about different types of rural and urban housing in Spain and Latin America. Match the names of the types of housing for each region with the correct image. Read the strategy below to improve reading and comprehension skills.

⚙️ ESTRATEGIA

Guessing meaning from context

Use the context and accompanying visual clues to guess possible meanings of unfamiliar words. By focusing on what you understand you will often be able to figure out the meanings of new words in Spanish.

1. Los españoles viven en estos lugares *(places)*:
a. un chalé
b. casas adosadas
c. un estudio

2. Estos son algunos tipos de vivienda rural y urbana en Latinoamérica:
a. una hacienda
b. palafitos
c. condominios

2.2 Read more about these styles of homes and where they are typically located. As you read, underline the words and expressions used to describe the homes.

¿Pueblo o ciudad?

En España, mucha gente en las ciudades vive en pisos. En el centro, los pisos generalmente son antiguos. La gente joven prefiere vivir en el centro porque hay mucha vida nocturna. Normalmente viven en apartamentos o estudios. Para las familias es mejor vivir más lejos del centro, porque tienen más espacio y los pisos son más grandes.

Las ciudades tienen barrios *(neighborhoods)* en los que hay supermercados, parques, iglesias, un centro de salud *(health)*, tiendas y una vida muy animada. También tienen muchos medios de transporte como metro, autobuses y trenes.

En los pueblos españoles la gente vive en casas más grandes, chalés o adosados. Tienen tres o cuatro dormitorios, salón, comedor, cocina y patio. Pero los pueblos no tienen tantos servicios como las ciudades: medios de transporte, escuelas, centros de salud, etc.

Igual que en España, en Latinoamérica hay pisos o condominios en las ciudades, pero también hay casas muy originales. En Chile, Argentina, Venezuela, Panamá, Perú y Colombia hay palafitos al borde de los lagos *(lakes)*, las lagunas y los ríos tranquilos. Los palafitos son casas con pilares situados sobre el agua.

Otro tipo de casa es la hacienda, que es una vivienda y un lugar de trabajo. Es una gran extensión de terreno en el campo, que tiene una casa de estilo colonial con patio central y forma de "L" o "U", con jardines, establos y las casas de los trabajadores.

Y tú, ¿dónde vives?

2.3 Match the people to what they say about their homes. Then choose the type of housing each one lives in.

chalé • estudio • palafito • hacienda • piso o condominio

 **1**

 **2**

 **3**

 **4**

 **5**

a

Mi apartamento está en el centro y es pequeño. Tengo todo en una habitación.

b

Descanso en mi jardín y no escucho ruido *(noise)* de la calle. Tengo mucho espacio y ¡mucha tranquilidad!

c

Tengo caballos en Argentina. Trabajo con ellos todo el día y a veces toda la noche también.

d

Mi casa de Colombia está en una de las lagunas del río Magdalena. Es una casa antigua pero muy original.

e

Mi familia y yo paseamos por las calles y compramos en las tiendas del barrio.

2. EXPRESIÓN ESCRITA

2.4 Choose one of the homes from activity 2.1 and create an ad for it. Include its location, number of bedrooms and bathrooms, a description of the rooms and other pertinent information that will appeal to home buyers.

⚙ ESTRATEGIA

Using models

Using models can guide you through the writing process. The information and expressions from **¿Pueblo o ciudad?** can serve as a model when you write your own description. Then think about what other information would be important to include in the ad.

EN VENTA

La casa está en ....
Es ....
Tiene ....
También ....

3. INTERACCIÓN ORAL

2.5 Talk about your favorite room in the house. Describe the space, the furniture, and the colors of some of the objects. Talk about what you do there and why the room is your favorite.

⚙ ESTRATEGIA

Visualizing your topic

When speaking, it often helps to visualize what you are describing. Start by creating a plan of the room and label the furniture and colors. Then, think about what activities you do there and jot them down. Use the visual to guide you through the presentation.

SER JOVEN EN ESPAÑA

Unos amigos españoles charlan en una cafetería.

España comparte* el idioma y muchos aspectos culturales con los países de América Latina. También comparte historia y continente con los países de Europa. Pero, ¿cómo son los españoles? ¿Cómo viven?

LO MEJOR Y LO PEOR

Preguntamos a un grupo de muchachos de entre dieciséis y veinte años: «¿Qué es lo mejor* de vivir en España? ¿Y qué es lo peor*?» Todos respondieron que lo mejor es la gente, la vida social y la cultura. Sobre lo peor del país, todos coincidieron: «¡la economía!», exclamaron.

LA ECONOMÍA

La economía en España pasa por momentos difíciles. La crisis europea y mundial que comenzó en 2008 todavía afecta al país.

· Hay un fuerte desempleo (el 57.2% de jóvenes no tiene trabajo).
· Hay una crisis importante en el sector de la construcción.
· Es uno de los países con mayor desigualdad social en Europa.

«Muchos jóvenes con títulos universitarios nos tenemos que ir al extranjero*. Aquí no hay trabajo», dice Lucas González, de Valencia.

> ¿Cómo es la situación laboral en EE. UU.? ¿Es fácil encontrar trabajo?

LA GENTE

Como en muchos otros países con una historia rica y diversa, definir el carácter de la gente es una tarea* complicada. En el norte, por ejemplo, la gente tiene fama de* ser reservada y tranquila: en el sur, la gente tiende a ser abierta y algo más ruidosa*. También las personas que vienen del este, el oeste o el centro difieren en su personalidad. «Yo vivo en Londres, donde mucha gente piensa que los españoles somos ruidosos, alegres y que nos gustan la paella y el flamenco. Pero yo soy de Lugo, en el norte de España, donde somos muy tranquilos. Además, ¡allí no hay ni paella ni flamenco!», dice Silvia Castellón, una estudiante de Erasmus[1] en el Reino Unido.

Muchacho desempleado

> Y en tu país, ¿hay varias formas de ser en distintas zonas geográficas? ¿Cómo es la gente donde tú vives?

¿VIDA SOCIAL O RED SOCIAL?

«España es un país de salir a la calle, de estar con los amigos, de charlar en los cafés. Ni Instagram ni Twitter pueden competir con eso», dice Carlos Esteban, un estudiante de segundo de Derecho* de Madrid.
«Yo sí tengo cuenta* en Facebook y la uso a diario. Cuelgo* mensajes o fotos. Pero para hablar prefiero estar con mis amigos», dice Marta González, de Valencia.
Según una reciente encuesta* del diario económico *Expansión*, los españoles prefieren Facebook, YouTube y Twitter para compartir mensajes o videos. Sin embargo, el 52% tiene cuenta en Facebook, en contraste con Suecia (92%), Islandia (97%) o Reino Unido (83%).
España es el séptimo país europeo en cuanto a* usuarios de Internet.

> **¿Cómo prefieres comunicarte con los amigos? ¿Piensas que las redes sociales sustituyen el contacto social? ¿Por qué?**

Muchachos y muchachas en un barrio de tapas de Bilbao

LA CULTURA

A pesar de los recortes* de los últimos años, el cine, el teatro, la literatura y la música son las actividades favoritas de los jóvenes españoles. Según la Comisión Europea, España es uno de los seis países europeos con más participación cultural, por detrás de Suecia, Dinamarca, Holanda, Reino Unido y Francia.
Muchos escritores, directores de cine, arquitectos, diseñadores y pintores españoles tienen gran influencia en el mundo actualmente.

> **Y tú, ¿qué tipo de cultura consumes?**

1. Erasmus: Programa que facilita* el intercambio de estudiantes en universidades europeas.

ANSWER THE FOLLOWING QUESTIONS

a ¿Qué es lo mejor y lo peor de vivir en EE. UU.?

b ¿Piensas que el porcentaje de usuarios de Facebook en EE. UU. es alto o bajo? Busca* en Internet para saber el resultado.

c ¿Cuáles son tus actividades culturales favoritas?

d ¿Qué iconos culturales estadounidenses piensas que han tenido influencia en el mundo?

La Gran Vía, una avenida importante de Madrid

GLOSARIO

busca – search	
comparte – shares	
cuelgo – (I) post	
la cuenta – account	
Derecho – law	
la desigualdad – social inequality	
en cuanto a – in terms of	
la encuesta – survey	
el extranjero – abroad	
facilita – provides	
lo mejor – the best thing	
lo peor – the worse thing	
los recortes – cutbacks	
ruidoso – noisy	
la tarea – task	
tener fama de – to be known as	

VOCE ATINAS

Vivir en España

Fuentes: Facebook, Internet World Stats, *El País*, Nielsen online, *The Wall Street Journal*, *Público*, Eurostat, ABC, Erasmus Programme y entrevistas.

EN RESUMEN

¿QUÉ HAS APRENDIDO?

Situación

Encuentra el apartamento ideal
You are looking for an apartment to rent and
a housemate that shares your interests.

LEARNING OUTCOMES		ACTION

Talk about your home

2.1 ___ You have found the following posting that interests you. Call a friend and describe the features of the apartment to him/her.

APARTAMENTO AMUEBLADO

- Salón, balcón
- Cocina (totalmente equipada)
- Dos habitaciones con armario
- Baño (ducha)

En Colonia El Rosario, Zona 3, Cerca de las universidades
Renta incluye: energía eléctrica, cable y WIFI

Inf.: 7958691

Describe people, places, and things

2.2 ___ After looking at the apartment, you realize it still needs some items, especially for your room. Prepare a list of the things you need to buy, for what rooms, and the colors you prefer.

(Modelo:) Para mi habitación, necesito…

Talk about activities

2.3 ___ Your apartment is now fully furnished, but you have spent more money than you expected. You decide to look for a housemate and want someone with similar interests. Post an ad on the campus website describing what kinds of activities you usually do. Use the *Modelo* as a starting point.

(Modelo:) Busco compañero/a de apartamento para compartir la renta. Soy una persona muy activa…

Express opinions and preferences

2.4 ___ Interview two possible housemates. Ask them about what they do, what their favorite things are and react to what they say with your own opinions and preferences.

Say where you and others are

2.5 ___ Finally, you are all set. Write an email to your friend and tell him/her about your apartment and where it's located. Then write about your housemate, where he/she is now and what you do together.

● ● ●	Mensaje nuevo

Querido/a…

¿Cómo estás? Tengo un nuevo apartamento. ....

....

Saludos,

....

LISTA DE VOCABULARIO

Los lugares Places

la calle street
el centro downtown
la ciudad city
el edificio building
la escuela school
el parque park
el pueblo town

Los deportes Sports

el baloncesto / el básquetbol basketball
el béisbol baseball
el fútbol soccer
el fútbol americano football
el golf golf
el tenis tennis
el vóleibol volleyball

Las asignaturas School subjects

Arte art
Biología biology
Ciencias science
Computación computer science
Economía economics
Español Spanish
Física physics
Historia history
Informática computer science
Literatura literature
Matemáticas math
Música music

La comida Food

la carne meat
la fruta fruit
el pan bread
el pescado fish
el pollo chicken
la verdura vegetables

Descripciones Descriptions

aburrido/a boring
bonito/a beautiful, pretty
difícil difficult
divertido/a funny
fácil easy
fantástico/a fantastic
favorito/a favorite
genial great
grande big
guapo/a handsome / pretty
importante important
interesante interesting
pequeño/a small

Los colores Colors

amarillo yellow
anaranjado / naranja orange
azul blue
blanco white
gris grey
marrón brown
negro black
rojo red
verde green

La casa y los muebles
House and furniture

el armario closet
la bañera bathtub
la cama bed
la cocina kitchen
la cómoda chest of drawers
el cuarto de baño bathroom
el dormitorio bedroom
la ducha shower
el espejo mirror
la estantería shelf
la estufa stove
la foto (fotografía) photo
la habitación room
el horno oven
el lavabo sink
la mesa table
la mesilla bedside table
el microondas microwave
el salón living room
el sofá sofa

Verbos Verbs

amar to love
bailar to dance
caminar to walk
cantar to sing
comprar to buy
descansar to rest
escuchar to listen
estar to be
estar bien to be fine
estar contento/a to be happy
estar enfermo/a to be sick
estar triste to be sad
estudiar to study
hablar to speak
mandar to send
pasear to stroll, to walk around
trabajar to work
viajar to travel

Interrogativos Questions words

cómo how
cuál which one
cuánto how much
cuántos how many
de dónde from where
dónde where
por qué why
qué what

Palabras y expresiones útiles
Useful words and expressions

la cámara camera
el gato cat
la mascota pet
el perro dog

Creo que… I believe that…
¿Cuánto cuesta? How much does it cost?
En mi opinión… In my opinion…
Lo siento. I'm sorry.
Para mí/ti/él… For me/you/him…
Pienso que… I think that…

3

MI FAMILIA

Hablamos de…	Vocabulario y comunicación	¡En vivo!	Gramática	Destrezas	Sabor latino	En resumen
• Una familia mexicana	• **La familia:** Describing personality traits and physical conditions • **La ropa:** Describing physical characteristics **Pronunciación** • The sounds of ***c*** and ***s***	• **Episodio 3 La chica más guapa del mundo:** Making inferences from non-verbal clues	• Present tense of –*er* and –*ir* verbs • Possessive adjectives • Demonstrative adjectives	• **La Nochebuena** – **Comprensión de lectura:** Identifying descriptive words – **Expresión escrita:** Making a chart – **Interacción oral:** Creating a graphic organizer	• **Tradiciones familiares**	• **Situación:** Encuentra a la persona de tus sueños • Vocabulario

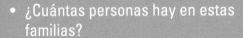
Esta familia está muy contenta.

- ¿Cuántas personas hay en estas familias?
- ¿Dónde está cada una de ellas?
- ¿Qué hacen?
- ¿Quién es la persona favorita de tu familia?
- ¿Qué haces normalmente con él o ella?
- ¿Te identificas con alguna de estas familias? ¿Con cuál?

LEARNING OUTCOMES

By the end of this unit, you will be able to:

- Describe family members
- Describe physical characteristics
- Describe personality traits and physical conditions
- Ask and say what people are like
- Express possession
- Talk about clothes and everyday activities

3.1 ___ Look at the image of Ramón and his family. Then select the sentences that are true based on what you see or can infer.

a. ☐ Esta es la familia de Ramón.

b. ☐ Hay diez personas en la foto.

c. ☐ La abuela de Ramón tiene el pelo blanco.

d. ☐ El señor con la camisa azul es el padre.

e. ☐ El abuelo tiene un perro negro en brazos.

f. ☐ El sobrino de Ramón tiene menos de cinco años. Es un bebé. Es pequeño.

g. ☐ Hoy celebran el cumpleaños de la madre.

h. ☐ Todos están tristes.

3.2 ___ Ramón is showing his friend María a cell phone picture of his family. Follow along as you listen to the conversation. Then choose the correct option in the sentences below.

Ramón: Mira, María, mi familia el día del cumpleaños de mi madre.

María: ¿Esta es tu madre?

Ramón: Sí, y ese hombre es mi padre. Es moreno, igual que todos nosotros. Mis abuelos ahora tienen el pelo blanco.

María: Sí, es verdad. Tu padre es muy alto, ¿no?

Ramón: Sí, y es muy simpático. Siempre está contento.

María: ¿Tu hermana es esta que tiene el pelo largo?

Ramón: Sí, tiene dos hijos. Este es Jorge y tiene tres años. El bebé se llama Roberto pero no está en la foto.

María: ¡Jorge es precioso! ¿Y cómo se llama el perro?

Ramón: Se llama Dante. Siempre tiene hambre. Bueno, y tú, ¿cuántos hermanos tienes?

María: No tengo hermanos. Soy hija única.

a. ☐ La madre de Ramón es **rubia / morena**.

b. ☐ El padre de Ramón es **bajo / alto**.

c. ☐ El padre de Ramón es **simpático / antipático**.

d. ☐ El abuelo de Ramón tiene el pelo **blanco / largo**.

e. ☐ La hermana de Ramón es la **madre / hermana** de Jorge.

f. ☐ María **tiene un hermano mayor / no tiene hermanos**.

3.3 Look at the pictures and read the descriptions for the people in Ramón's family. Then choose the correct option in the sentences below.

 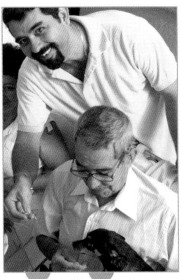 

Mi madre es morena y tiene el pelo rizado. Lleva una blusa blanca. Es muy divertida.

Mi padre es alto y tiene barba. Lleva una camisa azul.

Mi abuelo es delgado y tiene el pelo blanco. Lleva una camisa blanca y lentes.

Mi abuela tiene el pelo blanco y un poco rizado. Es mayor.

Mi hermana es pelirroja.

Mi sobrino Roberto es muy joven. Tiene el pelo corto y rizado.

a. Mi abuela **lleva** / **es** una blusa blanca.

b. Mi hermana es **morena** / **pelirroja** y tiene el pelo **rizado** / **liso**.

c. Mi padre no **es** / **lleva** lentes.

d. Mi abuelo tiene setenta y cinco años. Es **mayor** / **joven**.

e. Mi madre es **divertido** / **divertida**.

3.4 Work with a partner and take turns describing any three members of your family using the expressions above.

> Modelo: Mi madre es alta y tiene el pelo largo. Tiene cuarenta y cinco años. Es joven.

APUNTES: La familia mexicana

✓ En una comida familiar es normal ver a mucha gente: los abuelos, los tíos, los papás, los primos, los hijos, los nietos...

✓ En México, muchos hogares (homes) son familiares (90,5%) y el 97,3% de los mexicanos vive en familia.

✓ El 70,9% del núcleo de una familia mexicana moderna está formado por los padres y los hijos.

1.A VOCABULARIO: LA FAMILIA

3.1 Look at the image of Ramón's family. Follow along as you listen to the description of who everyone is. *¡Atención!* Not all the members of Ramón's family appear in this picture. Then with a partner, take turns asking and answering the questions.

Vocabulario adicional

medio hermano /
hermana *half-brother /
half-sister*
madrastra / padrastro
stepmother / stepfather

papá = padre
mamá = madre
esposo = marido
esposa = mujer

La familia de Ramón es muy grande. Su **papá** se llama Víctor Martínez y su **mamá**, Carmen Serrano. Víctor y Carmen son **esposo** y **esposa**. Tienen dos **hijos**: Ramón tiene veinte años y su **hermana** Leticia tiene treinta años. Pablo es el esposo de Leticia y tienen dos hijos: Jorge tiene tres años y Roberto, solo tres meses.

Jorge y Roberto son los **nietos** de Víctor y Carmen, y los **sobrinos** de Ramón. Daniela es la **hermana** de Víctor y la **tía** de Leticia y Ramón. Daniela tiene un hijo mayor que se llama Antonio. Es el **primo** de Leticia y Ramón. Antonio no está casado y no tiene hijos.

a. ¿Cómo se llama el padre de Jorge y Roberto? ....

b. ¿Cómo se llama el tío de Jorge y Roberto? ....

c. ¿Quiénes no tienen hijos? ....

d. ¿Cómo se llaman los abuelos de Jorge y Roberto? ....

e. ¿Qué miembros de la familia no aparecen en la imagen? ....

3.2 Look at the family tree of another Mexican family. Complete the tree with the names of the missing family members using the clues provided. Then check your answers with a partner.

Juan .... y (a) ....

Victoria .... y (b) ....

Pedro .... y (c) ....

(d) ......

Marcos y Andrea ....

(e) ......

Pistas: Juan y María tienen tres hijos: Victoria, Pedro y Laura. Los hijos de Aníbal se llaman Marcos y Andrea. Matilde es prima de Marcos y Andrea. Marcos y Andrea tienen dos tías: Amalia y Laura.

Modelo: E1: ¿Quién es la esposa de Juan?

E2: Es...

3.3 Take turns asking your partner about the members of his/her family.

Modelo: E1: ¿Tienes hermanos?   E1: ¿Cómo se llama?

E2: Sí, tengo un hermano.   E2: Mi hermano se llama Jeff.

To ask about someone's family:
- ¿Tienes hermanos (abuelos, tíos...)?
- ¿Cuántos hermanos (abuelos, tíos...) tienes?

3.4 Sketch out a family tree similar to the one in Activity 3.2, leaving the names blank. Then in groups of three, share more information about your extended family including aunts and uncles, cousins, etc. As you talk about your family, the members in your group will create your family tree.

3.5 Give a definition in Spanish describing family relationships. Your partners will identify the relative you are referring to.

La madre de mi madre...

Es la abuela.

¡Sí!

SER	TENER
soy	tengo
eres	tienes
es	tiene
somos	tenemos
sois	tenéis
son	tienen

» Use the verb **ser** to describe a person's characteristics.

Nuria es inteligente. Nuria is intelligent.

Marta es una muchacha muy amable. Marta is a very friendly girl.

» Use **tener** to describe a person's physical condition.

Nicolás tiene calor. Nicolás is warm.

Here is a list of adjectives and expressions that describe personality traits and physical conditions:

Ser...

abierto/a *outgoing*	inteligente *intelligent*
aburrido/a *boring*	maleducado/a *rude*
amable *friendly*	simpático/a *likeable*
antipático/a *disagreeable*	tímido/a *shy*
divertido/a *fun*	trabajador/a *hard-working*
hablador/a *talkative*	vago/a *lazy*

Tener...

hambre *to be hungry*
sed *to be thirsty*
calor *to be warm*
frío *to be cold*
sueño *to be sleepy*

If you are describing a characteristic that may be perceived as negative, use **un poco** before the adjective.

*Es muy inteligente pero es **un poco** tímido.* He's very intelligent, but he's a little shy.

3.6 With a partner, select the appropriate adjective for each image from the options given. Can you guess what the new words mean? *¡Atención!* Adjective pairs are presented as opposites.

a. simpático
b. antipático

a. aburrida
b. interesante

a. tranquilo
b. nervioso

a. sincero
b. mentiroso

a. abierta
b. tímida

a. vaga
b. trabajadora

a. ignorante
b. inteligente

a. tacaño
b. generoso

3.7 Describe to your partner two positive aspects of your personality and a negative one. Use the *Modelo* as a guide.

> *Yo soy muy abierto y simpático, pero un poco nervioso.*

> *Pues yo soy inteligente y trabajadora, pero un poco tacaña.*

3.8 Listen to the conversations and fill in the missing words.

 (31)

a. **Luis:** ¿Cómo es tu amiga Marta?
   Nuria: Es un poco .... Siempre tiene ....
   Luis: ¿Estudia mucho?
   Nuria: Bueno, sí, es muy ....

b. **Alberto:** El profesor de Ciencias es muy ....
   Luis: Sí, es verdad, y también es muy .... en clase.

c. **Juanjo:** Mi madre es divertida, ..., inteligente...
   Carlos: ¿No tiene defectos?
   Juanjo: Bueno, sí, es un poco ....

d. **Rosa:** ¿Cómo es tu ....?
   Miguel: Es muy .... pero es .... vago.
   Rosa: ¿Qué hace?
   Miguel: Por ejemplo, cuando tiene .... bebe agua del lavabo para no caminar a la cocina.

3.9 Practice the conversations with a partner. Then create similar conversations to talk about your own family and friends.

3.10 Marina loves to blog about clothes and what to wear. Match the sentences to the articles of clothing Marina recommends for different activities and occasions.

1. unas botas
2. unos jeans corte recto
3. un cárdigan y bufanda gris
4. una blusa rosa y falda gris
5. unos tenis

6. una camiseta roja y pantalones de entrenamiento
7. unas sandalias
8. una blusa verde, unos jeans corte skinny y unas balerinas
9. un vestido anaranjado
10. unos zapatos de tacón alto

3.11 Review the items in Martín's closet. Then with a partner select what Martín should wear for each of the situations listed below.

chaqueta

suéter

camisa

camiseta

pantalones cortos

tenis

jeans

pantalones

bota

gorra

cinturón

corbata

Para ir a clase	Para una ocasión especial	Para estar en casa

3.12 Think about what you would wear to an interview for an internship you are seeking. Then in groups of three, describe your outfit to the group. Each member will draw what you describe and identify the type of internship based on the clothing you describe. Compare drawings to see whose was most accurate. Give feedback to correct the other drawings.

SER	TENER
soy	tengo
eres	tienes
es	tiene
somos	tenemos
sois	tenéis
son	tienen

LLEVAR *to wear*
llevo
llevas
lleva
llevamos
lleváis
llevan

Es...
moreno/a
rubio/a
pelirrojo/a
castaño/a
- Mi prima es rubia. *My cousin is blond.*

» Use the verb **ser** to describe a person's physical characteristics.
Isabel **es** guapa. *Isabel is attractive.*

» Use the verb **tener** or **llevar** to describe a person's features or what he/she is wearing.
Él **tiene** los ojos azules. *He has blue eyes.*
Lleva jeans todos los días. *He wears jeans every day.*
Lleva el pelo corto. / *Tiene el pelo corto.* *He wears his hair short. / He has short hair.*

Here are some ways to answer the question **¿Cómo es?**

Es...
alto/a *tall*
bajo/a *short*
calvo *bald*
delgado/a *thin*
feo/a *unattractive*
fuerte *strong*
gordo/a *overweight*
grande *big*
guapo/a *attractive*
joven *young*
mayor *old*
pequeño/a *small*

Tiene los ojos *(eyes)...*
azules *blue*
claros *light*
grandes *big*
marrones *brown*
negros *black*
oscuros *dark*
pequeños *little*
verdes *green*

Lleva...
bigote *mustache*
barba *beard*
gafas / lentes *glasses*

Tiene / Lleva el pelo *(hair)...*
castaño *light brown*
corto *short*
largo *long*
liso *straight*
moreno *dark brown*
pelirrojo *red*
rizado *curly*
rubio *blond*

Lleva...
una camisa blanca *a white shirt*
un vestido rosa *a pink dress*
una chaqueta roja *a red jacket*

3.13 The following people have posted profiles online to meet new friends. Complete their profiles with the words from the list.

largo • claros • moreno • baja • bigote • pelirrojo
barba • liso • delgada • castaño • corto • tímida

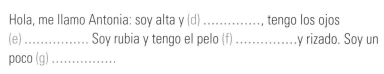

La web de amigos

Hola a todos, soy Mark. Soy (a) .... y llevo el pelo muy
(b) .... Soy alto, llevo (c) .... y tengo los ojos azules.
Soy simpático y divertido.

Hola, me llamo Antonia: soy alta y (d) ...., tengo los ojos
(e) .... Soy rubia y tengo el pelo (f) ....y rizado. Soy un
poco (g) ....

Soy Jorge, tengo veinticinco años. Soy (h) ...., tengo el pelo
corto, llevo barba y (i) .... Soy muy hablador.

Me llamo Marta, tengo el pelo (j) .... y (k) .... Soy un
poco (l) .... Tengo veinte años y estudio arte.

3.14 Write a similar profile about one of your classmates to post on *La web de amigos*. Include physical and personality traits and what he/she will be wearing at the social *La web de amigos* is hosting on Saturday. Then, in groups of three, read aloud the profile without disclosing the person's name. Your classmates will guess who the person is.

3.15 In your group, discuss online profiles and exchange opinions using the following questions as a guide.

- ¿Qué piensas de los perfiles en línea?
- ¿Son auténticos? ¿Son exagerados?
- ¿Qué es más importante para ti, la foto o la información?
- ¿Tienes un perfil en línea? ¿Cómo es?
- ¿Qué información tienes en tu perfil?

Expressing opinions:
Para mí...
Pienso que...
Creo que...
En mi opinión...

PRONUNCIACIÓN

THE SOUNDS OF *C* AND *S*

3.1 ₃₂ Listen to the pronunciation of the following words.

El sonido /k/	El sonido /s/
c + a ▶ **ca**lvo	c + e ▶ **ce**ro
c + o ▶ **co**rto	c + i ▶ **ci**nco
c + u ▶ **cu**rso	z + a ▶ ri**za**do
qu + e ▶ pe**que**ño	z + o ▶ **zo**rro
qu + i ▶ tran**qui**lo	z + u ▶ **zu**rdo

3.2 Read the following syllables aloud to your partner.

za-	que-	cu-	qui-	ca-
co-	ce-	zo-	ci-	zu-

3.3 ₃₃ Write the words you hear under the corresponding image.

¡EN VIVO! Episodio 3

La chica más guapa del mundo

1

2

3

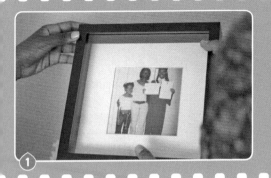

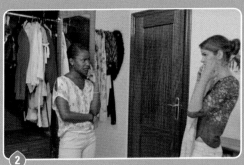

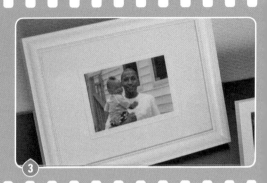

ANTES DEL VIDEO

3.1 With a partner, look at the scenes from the episode and make your best guesses about what is happening. Then indicate which descriptions match each image.

a. Es la tía de Eli y Sebastián el día de su graduación.
b. Es el hermano de Eli.
c. Es Felipe, el amigo de Sebas.
d. Tiene el pelo negro, corto y muy rizado.
e. Lleva lentes y el pelo largo.
f. Está en una foto con el hermano pequeño de Eli.
g. Es el padre de Eli.
h. Para ellas, es una situación divertida.
i. Tiene el pelo muy corto, es guapo, simpático y un poco tímido.
j. Es alta, delgada y tiene el pelo largo y liso.
k. Llama a su amigo para hablar de Lorena.
l. Pregunta cómo es y qué ropa lleva.
m. Es la madre de Eli.
n. Está con Eli y la madre de Eli.

Imagen 1:................................ Imagen 3: .... Imagen 5: ....

Imagen 2: .... Imagen 4:................................ Imagen 6: ....

ESTRATEGIA

Making inferences from non-verbal clues
While listening to the conversations and watching the action, one can make inferences about the personality and/or the attitude of the person talking based on gestures, tone of voice, and eye contact. A speaker's body language can convey a message as well.

DURANTE EL VIDEO

3.2 Watch the following scene from the episode and select the correct option.

00:30 - 02:46

a. Lorena visita a Eli para **hablar sobre su familia** / **ayudarle a elegir ropa**.
b. El apartamento de Lorena es **pequeño y bonito** / **grande y moderno**.
c. Lorena pregunta quiénes son las personas que están **en las fotos** / **en la casa**.
d. En las fotos están **sus padres y su hermano** / **sus padres, su tía y su hermano**.
e. **Sebas** / **Eli** está en una foto con su padre.
f. Las muchachas hablan de una foto de la graduación de su **prima** / **tía**.

3.3 Watch the following scene and answer the questions.

02:46 - 04:15

a. ¿Qué tipo de ropa prefiere Lorena para la primera cita?
b. ¿Cómo es la primera falda que muestra Eli?
c. ¿Cuántos vestidos saca Eli del armario?
d. ¿Qué tipo de calzado *(footwear)* prefiere Eli para combinar con el vestido?

3.4 Choose the statement that best describes the scene.

04:15 - 05:17

a. El hermano de Eli quiere tomar una foto de las muchachas para su amigo y las muchachas no quieren. También, su amigo pregunta si Eli tiene novio.

b. El hermano de Eli habla con su amigo de la amiga de su hermana. También, su amigo quiere saber si Lorena tiene novio.

c. El hermano de Eli llama a su amigo para hablar de una fiesta y presentarle a Lorena.

3.5 Before you watch the last scene of the episode, choose the ending you think is most likely to occur. Then watch the episode. Did you guess correctly?

a. El hermano de Eli no pregunta a Lorena si tiene novio porque es muy tímido y Lorena no tiene interés porque es muy joven.

b. El hermano de Eli le pregunta si tiene novio y Lorena le responde que sí y que está muy contenta con él.

c. El hermano de Eli le pregunta si tiene novio, Lorena no responde pero piensa que Sebas es un muchacho simpático.

3.6 With a partner, describe the physical characteristics of Eli, Lorena, Sebastián and Felipe and what each one is wearing in the episode.

3.7 What aspects of the episode do you identify with? Check the ones that apply and then share them with your group. Which one of you has the most in common with Eli?

	Sí	No
a. Mis amigos y yo hablamos de la ropa.	☐	☐
b. Hay muchas fotos de mi familia en mi casa.	☐	☐
c. Mi hermano es un poco tímido. / Mi hermana es un poco tímida.	☐	☐
d. Mi padre es calvo.	☐	☐
e. Mi madre lleva lentes.	☐	☐
f. El amigo de mi hermano es maleducado. / La amiga de mi hermana es maleducada.	☐	☐
g. Tengo un hermano pequeño que es simpático. / Tengo una hermana pequeña que es simpática.	☐	☐
h. Mi hermano / Mi hermana entra en mi cuarto sin (without) permiso.	☐	☐

DESPUÉS
DEL VIDEO

GRAMÁTICA

1. PRESENT TENSE OF –*ER* AND –*IR* VERBS

» You have already learned the forms of verbs in Spanish ending in –**ar**. There are two other groups of regular verbs, whose infinitives end in –**er** and –**ir**. To create the present tense forms of –**er** and –**ir** verbs, drop the endings from the infinitives, then add the verb endings as shown in the chart. Do –**er** and –**ir** verbs share the same endings?

COMER (to eat)			
yo	com**o**	nosotros/as	com**emos**
tú	com**es**	vosotros/as	com**éis**
usted/él/ella	com**e**	ustedes/ellos/ellas	com**en**

VIVIR (to live)			
yo	viv**o**	nosotros/as	viv**imos**
tú	viv**es**	vosotros/as	viv**ís**
usted/él/ella	viv**e**	ustedes/ellos/ellas	viv**en**

*Yo **como** con mi familia.   I eat with my family.*
*Mi familia **vive** en Buenos Aires.   My family lives in Buenos Aires.*

» Here are some useful –**er** and –**ir** verbs:

-ER	
aprender	*to learn*
beber	*to drink*
creer	*to think*
leer	*to read*
responder	*to answer*
ver	*to see*

-IR	
abrir	*to open*
asistir	*to attend*
discutir	*to argue*
escribir	*to write*
recibir	*to receive*
subir	*to upload (to go up)*

» **Ver** is irregular in the *yo* form only:

VER	
veo	vemos
ves	veis
ve	ven

3.1 ____ Read the following text and fill in the blanks with the correct form of the verbs.

Enrique y Marta son hermanos, (a) .... (vivir) juntos, pero son muy diferentes. Él siempre (b) .... (comer) pasta y ella ensaladas. Él (c) .... (beber) café y ella té. Los dos (d) .... (leer) novelas, pero él (e) .... (leer) novelas de aventuras y ella novelas de amor.
Marta (f) .... (aprender) italiano y Enrique, inglés. Los amigos de Enrique y Marta siempre (g) .... (escribir) correos electrónicos para comunicarse con ellos. Marta (h) .... (abrir) los correos todos los días, pero Enrique no. Son diferentes, pero nunca (i) .... (discutir).

3.2 ___ Think about you and your family and complete the following sentences with the correct form of the verbs and a logical ending.

 a. Mi familia y yo (vivir) ....
 b. Normalmente yo (comer) ....
 c. Mi prima Julia (vivir) ....
 d. En un restaurante, nosotros (comer) ....

3.3 ___ With your partner, take turns asking each other about the following activities. Respond with additional information about when or where you do them or why you don't.

 Modelo: subir fotos a los medios sociales
  E1: ¿Subes fotos a los medios sociales?
  E2: Sí, subo fotos a Facebook, ¿y tú?
  E1: Yo no. Soy un poco vago.

 a. comer con tus amigos
 b. asistir a clase
 c. ver la televisión
 d. leer entradas en Facebook
 e. recibir mensajes de texto

Other terms commonly used:
medios sociales = redes sociales
autofoto = *selfie*

¿Tomas autofotos cuando estás aburrido?

2. POSSESSIVE ADJECTIVES

» Possessive adjectives tell you *whose* object or person is being referred to (*my car, his book, her mother*, etc.). In Spanish, possessive adjectives agree in number with the nouns that follow them. Here are the possessive adjectives in Spanish:

	Singular		Plural	
	Masculine	**Feminine**	**Masculine**	**Feminine**
my	**mi** carro	**mi** casa	**mis** carros	**mis** casas
your	**tu** carro	**tu** casa	**tus** carros	**tus** casas
his/her/your (for.)	**su** carro	**su** casa	**sus** carros	**sus** casas
our	**nuestro** carro	**nuestra** casa	**nuestros** carros	**nuestras** casas
your (pl., Spain)	**vuestro** carro	**vuestra** casa	**vuestros** carros	**vuestras** casas
their/your (pl.)	**su** carro	**su** casa	**sus** carros	**sus** casas

 Mi teléfono es muy moderno. *My phone is very modern.*
 Marisa tiene dos gatos. **Sus** gatos son negros. *Marisa has two cats. Her cats are black.*

» Possessive adjectives must agree in number (singular/plural) with the noun they modify. In addition to agreeing in number, **nuestro** and **vuestro** must also agree in gender.
 Nuestr**o** tío es divertido. *Our uncle is fun.*
 Nuestr**a** tía es rubia. *Our aunt is blond.*

3.4 Choose the correct option in each sentence. Then match the sentence to the person whose family is being described. Compare your answers with a partner.

	¿De quién?
1. **Mi** / **Nuestras** / **Tu** hermanas son amigas.	**a.** yo
2. **Su** / **Sus** / **Nuestro** padres están contentos.	**b.** nosotros/nosotras
3. **Mi** / **Tu** / **Tus** abuelos son muy mayores.	**c.** tú y yo
4. Sr. Isidro, ¿Cómo es **tus** / **sus** / **su** familia? ¿Grande o pequeña?	**d.** él/ella/ellos/ellas
5. **Mis** / **Nuestros** / **Tu** amigas son muy simpáticas.	**e.** usted
6. **Mi** / **Nuestros** / **Su** primos estudian en México.	**f.** tú

3.5 Underline the possessive adjectives in the following text. Then write a paragraph about your own family. Include a couple of sentences that are not true.

 Tengo dos hermanos: Daniel y Ana. Nuestros padres se llaman Javier y Marisa. Vivimos en Valparaíso. Nuestro padre es alto y delgado, y nuestra madre es rubia. Mi hermano Daniel tiene veinticuatro años y mi hermana Ana tiene veintidós. Ana es muy inteligente y alegre. Daniel es muy divertido y un poco vago. La hermana de mi padre tiene dos hijos gemelos. Está muy cansada porque sus hijos son pequeños. ¿**Cómo es tu familia?**

Tengo...

3.6   With a partner, take turns reading the paragraph you wrote about your family from the previous activity. Your partner should guess which of the sentences are false. When he/she guesses it, tell him/her the truth.

3. DEMONSTRATIVE ADJECTIVES

» Demonstrative adjectives point out people and objects and indicate how far away these people or objects are from the speaker. For example, for people or objects that are:

1. close to the speaker, use: **este**;
2. at an intermediate distance or between the speaker and the listener, use: **ese**;
3. far away from both, use: **aquel**.

Location of speaker	Singular		Plural		
	Masculine	Feminine	Masculine	Feminine	
aquí *here*	este	esta	estos	estas	*this, these*
ahí *there*	ese	esa	esos	esas	*that, those*
allí *over there*	aquel	aquella	aquellos	aquellas	*that (over there), those (over there)*

» As with other adjectives, demonstratives agree in gender and number with the nouns that follow.
este zapato   *this shoe* / **estos** zapatos   *these shoes*

» These forms can also be used as pronouns, but must still agree in number and gender with the noun(s) they are replacing.

Este es mi amigo Manuel. Es muy simpático.

Ese es mi profesor. Es muy divertido.

Aquellos son mis amigos. Son muy atléticos.

3.7 _____ Change the sentences from singular to plural or vice versa.

a. Esa mujer está muy nerviosa. ....

b. Estos estudiantes son un poco habladores. ....

c. Aquel hombre tiene los ojos azules. ....

d. Aquellas señoras son muy jóvenes. ....

3.8 _____ Take turns asking each other about your favorite people and things. Then, react to your partner's answer and explain whether or not you agree.

Modelo: Tu tienda favorita.

E1: ¿Cuál es tu tienda favorita?

E2: Para mí es Target. ¿Y para ti?

E1: Para mí, también. Esa tienda tiene ropa bonita. / Para mí, no. Esa tienda tiene ropa horrible.

a. Tu restaurante favorito.   **d.** Tu color favorito.

b. Tu actriz favorita.   **e.** Tu ciudad favorita.

c. Tu película favorita.   **f.** Tu programa de televisión favorito.

Showing agreement and disagreement:
Para mí, también. ≠ Para mí, no.
Sí, es verdad. ≠ No, no es verdad.

3.9 _____ With a partner, take turns creating sentences for what the people in the images might say. Use demonstrative adjectives.

Modelo: Creo que estos lentes son muy bonitos para mí.

VIDEOCLASES
5 y 6

DESTREZAS

1. COMPRENSIÓN DE LECTURA

3.1

With a partner, take turns asking each other the following questions.

a. ¿Cómo es tu familia?

b. ¿Cuántas personas hay en tu familia?

c. ¿Cómo se llaman?

d. ¿Se reúnen con frecuencia?

e. ¿Qué fiestas celebras con tu familia?

3.2 Read the following text about a Mexican family getting together to celebrate Christmas Eve, *Nochebuena*, in Oaxaca, Mexico.

 ESTRATEGIA

Identifying descriptive words

While reading, focus on the words used to describe this family. Then underline those that refer to personality traits and circle those that refer to a physical aspect.

La Nochebuena

Todos los años el mismo problema. Mi madre no sabe cómo organizar a la familia en la mesa. En total, somos nueve. Siempre es un desastre porque todos somos muy diferentes.

La abuela Julia es muy nerviosa y habladora. Lleva siempre ropa muy oscura. Odia *(hate)* los teléfonos celulares y el pelo largo en los hombres. El tío Vicente, con corbata y traje negros, es muy pesimista y habla muy poco. Su mujer, Guadalupe, siempre habla por el celular. La prima Marta es muy alegre pero bastante supersticiosa. Es actriz. Lleva pantalones y vestidos de muchos colores.

Mi hermana Sara es muy tranquila e inteligente, pero un poco tímida, siempre con sus jeans viejos y una camiseta donde está escrito: "Prohibido hablar por el celular, gracias". Óscar, el novio de Sara, lleva el pelo largo y rizado. No habla mucho.

Mi padre es muy hablador, optimista y sociable, pero sus ojos no soportan los colores claros ni los muy oscuros. La pobre mamá, que es muy buena, no sabe qué hacer ni dónde sentarnos para evitar conflictos.

3.3 Describe the following people with the information presented in the reading.

a. la abuela Julia

b. el tío Vicente

c. Sara

d. Óscar

e. la prima Marta

f. papá

g. mamá

h. la tía Guadalupe

3.4

With a partner, arrange the seating chart below for this family's dinner using the information you have learned about them.

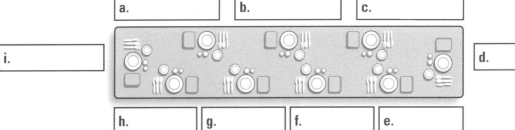

3.5 Tell the class about your own family celebration or tradition.

Modelo: En mi familia, nosotros...

2. EXPRESIÓN ESCRITA

3.6   Think about your own family and choose two members you would like to write about.

⚙ **ESTRATEGIA**

Making a chart
Make a chart showing information about the family members you have chosen.
This will help you write your description.

Categoría	Detalles
nombre	....
relación	....
descripción física	....
descripción de carácter	....
ropa que lleva normalmente	....
estado físico	....

3.7   Write a description of this person using the notes you prepared.

Modelo: Este/Esta es mi…

3.8   Take turns reading parts of your description to a partner without saying
who the person is. Your partner will try to guess the relationship based
on what you say.

Modelo: E1: Julia es muy nerviosa y habladora. Tiene el pelo blanco y lleva
siempre ropa muy oscura. Es bastante tradicional y no usa su
teléfono celular. ¿Quién es Julia?

E2: ¿Es tu abuela?

E1: No.

E2: ¿Es tu tía?

E1: Sí, es la hermana de mi abuela, es mi tía abuela.

3. INTERACCIÓN ORAL

3.9   Prepare a talk to present to the class about you and your family. Describe the physical traits
and characteristics you share with members of your family and say who you are most like.
Talk about what you do with your family and which member is your favorite.

⚙ **ESTRATEGIA**

Creating a graphic organizer
Divide the topic into sections and create a web to organize your content. Use visual aids,
such as photos, to help your audience grasp the main points.

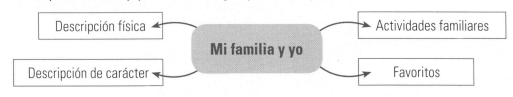

Descripción física   →   **Mi familia y yo**   →   Actividades familiares

Descripción de carácter   ←   →   Favoritos

**To say you are like
someone else, use:**

- Soy más como mi
  abuelo. *(most like)*
- Soy igual que mi
  abuelo. *(the same as)*

Modelo: Soy más
como mi abuelo porque
los dos somos…

Celebración del Día de Muertos

Una familia mexicana se divierte con los videojuegos.

TRADICIONES FAMILIARES

Para los mexicanos, la familia es lo más importante. Además de aprender valores* y compartir* la vida diaria, las familias mexicanas celebran varios días especiales cada año. **¡Descúbrelos!**

El Día de la Madre es una de las fiestas más respetadas.

QUÉ DICEN LOS MEXICANOS

El 98,6 % de los mexicanos piensa que la familia es lo más importante, según una encuesta de 2014. Más aún: el 43 % cree que «tener una familia unida» es la base para tener éxito* en la vida. Los valores, dicen, se aprenden en casa, y los más importantes son la solidaridad, la amistad, el respeto, la responsabilidad, la tolerancia y la libertad.

> ¿Compartes los mismos valores que los mexicanos? ¿Cuáles son los más importantes para ti?

EL DÍA MÁS CELEBRADO

La madre es el centro de la familia mexicana. Tanto es así*, que los insultos más fuertes en este país consisten en decir algo negativo sobre la madre.
El Día de la Madre es la fiesta familiar más importante, y por eso es un día feriado y no se trabaja en muchas oficinas. Se celebra desde 1922 cada diez de mayo. Es tradicional reunirse a compartir la comida en un restaurante y regalar rosas a la mujer de la casa.

> Y en tu país, ¿cuándo y cómo se celebra el Día de la Madre? ¿Es también allí la fiesta familiar más importante?

LAS POSADAS

Nueve días antes de la Navidad, los mexicanos celebran Las Posadas, una fiesta popular que consiste en recordar el nacimiento* de Jesús. Es habitual celebrarla en familia, encontrarse con los vecinos* del barrio, cantar villancicos* y colgar piñatas hechas de barro y papel.

> Y tú, ¿conoces a tus vecinos? ¿Qué actividades o eventos compartes con ellos?

Dulces típicos del Día de Muertos

UNA TRADICIÓN DORADA

«Cuando mi hermana se casó , su novio le entregó las arras», dice Ric Segundo, un estudiante de la Universidad Autónoma de México. «Fue un momento especial, porque son un símbolo de la confianza entre los novios».

Las arras son trece monedas de oro que suelen pasar de generación en generación dentro de una familia. Esta tradición es muy antigua: ya existía en la antigua Roma y hoy está presente en las bodas católicas mexicanas. Las trece representan la abundancia en los doce meses del año, más un mes en el que la riqueza es compartida con los pobres.

Las arras son una tradición en las bodas.

¿Qué tradición curiosa se celebra en las bodas norteamericanas?

LOS ANTEPASADOS , PRESENTES

En México, la familia no solo está formada por quienes están presentes. Los antepasados, los familiares que han muerto, también tienen su lugar en la casa y las prácticas domésticas.

El Día de Muertos se celebra el treinta y uno de octubre, y el uno y dos de noviembre, y es una ocasión para recordar y rendir homenaje* a los seres queridos* que ya no están.

Normalmente, las familias preparan un altar en casa con los objetos y los platos favoritos del difunto*. También es habitual visitar el cementerio y llevar flores a las tumbas. Otro aspecto de esta celebración son los dulces especiales que se comen, como un pan llamado «pan de muerto» y las calaveras* de azúcar.

¿Cómo se recuerda en EE. UU. a los seres queridos que ya no están? ¿Te resulta interesante la tradición del Día de Muertos? ¿Por qué?

GLOSARIO

el antepasado – ancestor	
la calavera – skull	
compartir – to share	
el difunto – deceased	
el homenaje – tribute	
las monedas de oro – gold coins	
el nacimiento – birth	
la riqueza – wealth	
se casó – (she) got married	
los seres queridos – loved ones	
tanto es así que – so much so	
tener éxito – to be successful	
los valores – values	
los vecinos – neighbors	
los villancicos – Christmas carols	

ANSWER THE FOLLOWING QUESTIONS

a ¿Piensas que la familia es lo más importante? ¿Qué otras cosas son importantes para ti?

b Según los mexicanos, la familia es la base para tener éxito. ¿Y para ti?

c Mucha gente piensa que el Día de la Madre es una fiesta demasiado comercial. ¿Estás de acuerdo? ¿Por qué?

d ¿Qué fiesta similar al Día de Muertos hay en EE. UU.? ¿Cuál es su origen?

Fuentes: Consejo de la Comunicación del Gobierno mexicano, *Diario de Yucatán*, Televisa.

VOCES ATINAS

Mi fiesta favorita

EN RESUMEN

¿QUÉ HAS APRENDIDO?

Situación

Encuentra a la persona de tus sueños
You just registered on Match.com and want to find the person of your dreams.

LEARNING OUTCOMES

ACTION

Describe physical characteristics and personality traits

3.1 Write a brief description of yourself including your physical characteristics and your personality traits.

Mi nombre es... Soy...

Ask and say what people are like

3.2 From all the people that have responded, one caught your attention. Call your best friend and describe this person to her/him.

Describe family members, express possession and talk about everyday activities

3.3 Your special person wrote back and asked you about your family and your interests. This person wants to know more about you before you two meet in person. Write to this person and describe your favorite things to do, and what your family is like.

Adjuntar archivos	Adjuntar fotos	Enviar ☐ Responder

Escribe un comentario:

Talk about clothes and talk about everyday activities

3.4 Your special person and you are going to meet tonight for the first time. Call your best friend and ask her/him for advice about what to wear, what to talk about, etc. Your partner will ask you questions about what you know of him/her so far. Use the following questions as a guide: *¿Cómo es? ¿De dónde es? ¿Cuántos años tiene? ¿Estudia o trabaja? ¿Qué llevo? ¿Por qué? ¿De qué hablo?*

Modelo: E1: Tengo una cita con... y estoy nervioso/a.

LISTA DE VOCABULARIO

La familia Family

la abuela grandmother
el abuelo grandfather
la esposa wife
el esposo husband
la hermana sister
el hermano brother
los hermanos siblings
la hija daughter
el hijo son
los hijos children
la madrastra stepmother
la madre mother
la medio hermana half sister
el medio hermano half brother
la nieta granddaughter
el nieto grandson
el padrastro stepfather
el padre father
los padres parents
el/la primo/a cousin
la sobrina niece
el sobrino nephew
la tía aunt
el tío uncle

Verbos Verbs

abrir to open
aprender to learn
asistir to attend
beber to drink
comer to eat
discutir to argue
escribir to write
leer to read
llevar to wear
tener to have

tener… años to be… years old
tener calor to be warm
tener frío to be cold
tener hambre to be hungry
tener sed to be thirsty
tener sueño to be sleepy
ver to see
vivir to live

La ropa Clothes

el abrigo coat
la bota boot
la bufanda scarf
el calcetín sock
la camisa shirt
la camiseta t-shirt
la chaqueta jacket
el cinturón belt
la corbata tie
la falda skirt
la gorra baseball cap
los jeans jeans
los pantalones pants
la ropa interior underwear
las sandalias sandals
el suéter sweater
los tenis sneakers
el traje suit
el vestido dress
los zapatos de tacón high-heeled shoes

Las descripciones Descriptions

abierto/a outgoing
aburrido/a boring
amable friendly
antipático/a disagreeable
alto/a tall

bajo/a short (height)
calvo bald
castaño/a light brown
claro/a light (in color)
corto/a short (length)
delgado/a thin
divertido/a fun
feo/a unattractive
fuerte strong
gordo/a overweight
grande big, large
guapo/a attractive
hablador/a talkative
inteligente intelligent
joven young
largo/a long (length)
liso straight
maleducado/a rude
mayor old
moreno/a dark brown, brunette
oscuros dark
pelirrojo/a red hair, redhead
pequeño/a small, little
rizado curly
rubio/a blonde
simpático/a likeable
tímido/a shy
trabajador/a hard-working
vago/a lazy

Otras características Other characteristics

barba beard
bigote mustache
las gafas eyeglasses
los lentes eyeglasses

EL DÍA A DÍA

Tiene sueño pero es hora de levantarse.

- ¿Dónde están estas personas?
- ¿Es por la mañana o por la noche?
- ¿Están tristes o contentas?
- Y tú, ¿estás más contento/a por la noche o por la mañana?

LEARNING OUTCOMES

By the end of this unit, you will be able to:

- Ask and give the day and time
- Describe daily routines and everyday activities
- Talk about professions
- Make plans

Los planes

4.1 Look at the image below of friends making plans. Then choose the text that best describes the image.

Texto a
En la fotografía puedes ver a dos muchachos, uno rubio y otro moreno, y a dos muchachas morenas. Una de las muchachas lleva un vestido corto. La otra muchacha lleva unos tenis rojos.

Texto b
En la fotografía aparecen dos muchachas y dos muchachos. Los dos muchachos llevan camisetas y pantalones largos. El muchacho rubio lleva sandalias.

Texto c
La fotografía representa a unos amigos. Las dos muchachas llevan falda. El muchacho de la camiseta azul lleva barba. El otro muchacho lleva lentes.

4.2 🎧 34 Listen to the conversation. Then write the name of the person described in each of the statements below.

Daniel: ¿Qué les parece si hacemos un poco de deporte?
Lucía: Yo tengo mucho sueño. Me levanto todos los días a las siete de la mañana.
Andrés: Yo no puedo ir. Los miércoles trabajo por la noche en la biblioteca y me acuesto muy tarde.
Candela: ¿A qué hora?
Andrés: A las dos de la mañana. No es fácil, pero mi clase los jueves empieza a las once.
Candela: Yo, en cambio, me despierto a las nueve y llego siempre tarde a clase.
Daniel: Muchachos... Parecemos cuatro abuelos. Mi abuelo, que es médico, trabaja todo el día y no se queja como ustedes.
Candela: Es verdad. Mi madre es profesora y siempre encuentra tiempo para hacer deporte.
Daniel: Entonces, ¿por qué no quedamos mañana?
Lucía: Está bien, no me quejo más. ¿Quedamos a las cuatro?
Daniel: Bárbaro. ¿Dónde quedamos?
Candela: Podemos quedar en la puerta de la residencia.
Andrés: Chévere. Entonces... quedamos a las cuatro en la puerta.

a. Es médico. ....

b. Se despierta siempre muy temprano. ....

c. Trabaja todos los miércoles. ....

d. Su clase empieza a las once. ....

e. Es profesora. ....

f. Llega tarde a clase. ....

4.3 🎧 34 Listen again to the conversation and focus on the use of the following two verbs that may look similar but have different meanings. Match each one to its correct meaning.

1. quejarse
2. quedar

a. used to set up a time or place for meeting up with friends
b. used to say that you can do something
c. means to complain

4.4 Match the image to the correct description. Then with a partner, write a description for the images that are not used.

Las partes del día:

la mañana   el mediodía

la tarde

la medianoche   la noche

In countries like Chile, Venezuela and Ecuador, *la tarde* begins at 12:01 p.m.

1. ☐ Se levanta a las seis en punto.
2. ☐ Estudia en la biblioteca hasta las dos.
3. ☐ Queda con amigos a las dos y media de la tarde.

4. ☐ Hace deporte a las cinco.
5. ☐ Mira la televisión a las ocho.
6. ☐ Se acuesta a las diez y diez.

Algunas actividades:
– caminar a
– estudiar
– comer
– hablar con
– descansar
– pasear por
– escuchar
– ver la televisión

4.5 With a partner, take turns asking each other what you do at the following times.

Modelo: E1: ¿Qué haces a las diez de la mañana?   E2: Estudio en la biblioteca.

a. nueve de la mañana **b.** doce del mediodía **c.** cuatro de la tarde **d.** nueve de la noche

APUNTES: ¿Qué prefieren hacer algunos jóvenes argentinos en su tiempo libre?

✓ El 40% de las personas dedica entre 1 y 3 horas diarias al tiempo libre, según una encuesta realizada por la Universidad Argentina de la Empresa.

✓ El 40% prefiere pasar ese tiempo en familia. Solo el 10% dice mirar televisión.

✓ Las mujeres dedican más tiempo diario al ocio que los hombres.

✓ Los hombres muestran mayor preferencia que las mujeres a hacer deporte o mirar televisión.

✓ Los más jóvenes prefieren hacer salidas sociales o dedicar el tiempo libre a sus aficiones.

✓ Después de los 45 años y, en especial, de los 60 años, el tiempo dedicado al ocio aumenta.

Fuente: Observatorio de Opinión Pública del Instituto de Ciencias Sociales de la Universidad Argentina de la Empresa (UADE)

1.A VOCABULARIO: LOS DÍAS DE LA SEMANA

4.1 Listen to the days of the week. What differences do you find?

marzo						
lunes	**martes**	**miércoles**	**jueves**	**viernes**	**sábado**	**domingo**
1	2	3	4	5	6	7
8	9	10	11	12	13	14
15	16	17	18	19	20	21
22	23	24	25	26	27	28
29	30	31				

» Most calendars in Spanish begin with Monday, not Sunday.
» The days of the week, like the months, are written in lower-case.
» Use the definite article, **el**, before the days of the week to say *on Monday, on Tuesday...*
   *Mi cumpleaños es **el lunes**. My birthday is on Monday.*
» In the plural, the days of the week express the idea of doing something regularly.
   *Tengo clase de música **los sábados**. I have music lessons on Saturdays.*
» The definite article, **el**, is not used when stating what day of the week it is.
   *Hoy es **domingo**. Today is Sunday.*
» Use **el fin de semana** to express *weekend* in Spanish.
   ***Los fines de semana** estudio en casa. On weekends, I study at home.*

4.2 Using the calendar above, practice saying a date to your partner. He/She will respond with the day of the week.

Modelo: E1: ¿Qué día de la semana es el cuatro de marzo?   E2: Es jueves.

4.3 Read the conversation between Olga and her friend, Iván. Then complete the chart below with Ivan's activities.

Iván, ¿cuándo estudias español?

Los martes y los jueves por la mañana.

¿Cuándo ves televisión?

Normalmente los sábados por la tarde.

¿Cuándo navegas por Internet?

Por la tarde, todos los días.

¿Cuándo tienes clase de baile?

Por la tarde, los lunes y miércoles.

navegar por Internet • estudiar español • tener clase de baile • ver televisión

	L	M	X	J	V	S	D
9:00 - 2:00							
3:00 - 11:00							

In some Spanish calendars, **X** replaces **M** as the abbreviation for **miércoles**. Why do you think this is?

4.4

With a partner, ask each other where you are on the following days and times during the week.

Modelo: E1: ¿Dónde estás los lunes a las ocho de la mañana?
E2: Estoy en casa.

a. los viernes a las cuatro de la tarde
b. los sábados a las diez de la mañana
c. los jueves a las once de la mañana
d. los domingos por la mañana
e. los sábados por la noche
f. los martes a las doce del mediodía

4.5

Answer the following questions. Then tell your partner when you do these things.

Modelo: Estudio español los martes antes de clase, ¿y tú?

a. ¿Cuándo estudias español?
b. ¿Cuándo navegas por Internet?
c. ¿Cuándo ves la televisión?
d. ¿Cuándo tienes clase de baile / música / zumba / *spinning*...?

4.6

Read the following conversation that takes place during a campus visit. Then with a partner, complete the chart with the expressions in boldface according to their use.

Guía: Hola a todos, gracias por venir a conocer nuestra universidad. Comenzamos en el centro del campus. Aquí tenemos la mayoría de los servicios: las tiendas, la secretaría universitaria y la biblioteca.
Alberto: ¿Y qué más hay?
Guía: Bueno, también hay un banco que abre **de lunes a viernes de ocho y cuarto de la mañana a dos de la tarde** y **los jueves por la tarde** en horario **de cuatro y media a ocho menos cuarto**. Está la cafetería, que abre **de lunes a domingo, desde las siete de la mañana hasta las once de la noche**. Y también tenemos un cine.
Inés: ¿Y **qué días** hay películas?
Guía: Solo **los viernes por la noche**.
Alberto: ¿La biblioteca dónde está? **¿Qué horario tiene?**
Guía: Es ese edificio blanco; abre **de lunes a viernes de ocho y cuarto de la mañana a doce de la noche** y **los sábados por la mañana**. Bueno, vamos a visitar la residencia universitaria...

Preguntar sobre horarios	Partes del día	Espacio de tiempo

4.7

With a partner, complete the schedule for the following buildings on your campus. Then compare your schedule with another pair. Did you have similar times?

	Días de la semana	Horarios	Parte del día
la biblioteca	de .... a	de .... a	por la ....
la cafetería			
la clínica			
las oficinas del decano			

1.B COMUNICACIÓN: ASKING AND GIVING THE TIME

The 24-hour clock is used for schedules and official timekeeping in most Spanish-speaking countries.

Son las 22:00 h.

Es

la una.

la una **y** cinco.

la una **menos** veinte.

Son

After the hour

las tres (**en punto**).

Before the next hour

las tres **menos** veinticinco.

 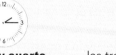

las dos **y** cinco.   las tres **menos cuarto**.

las dos **y cuarto**.

las dos **y media**.   las tres **menos** cinco.

» To ask the time, use:
- **¿Qué hora es?**
- **Es la** una y cuarto. / **Son las** cinco.

» To ask at what time an activity takes place, use:
- **¿A qué** hora cenas?
- **A las** siete.

4.8 Indicate the times shown on the digital clocks below.

4.9 Listen to the conversations and fill in the missing words.

a. Sara: ¿A qué .... te levantas?
Javier: Me levanto a las siete ....
Sara: Es muy pronto, ¿no?

b. Jesús: ¿Quieres ir al cine Patio esta ....?
Marta: Sí, genial. ¿A qué hora quedamos?
Jorge: Quedamos a las ocho y .... en la puerta del cine.

c. Cristina: ¿A qué hora quedamos?
Begoña: A .... una .... veinte.
Cristina: Vale.

4.10 With a partner, make plans to do some sightseeing in Buenos Aires. Prepare a conversation similar to the ones above and present it to the class. *¡Atención!* You must agree on a day and time to meet using the information in the guide.

Modelo: E1: ¿Quieres ir al Planetario Galileo Galilei el martes?

E2: Chévere. ¿A qué hora quedamos?

Planetario Galileo Galilei
Proyecciones:
MARTES A VIERNES: 13:00 y 16:00 h.
SÁBADOS Y DOMINGOS: 14:00, 17.30 y 18.30 h.

ATENCIÓN 7 y 8 de noviembre Planetario cerrado al público

Museo de Arte Latinoamericano de Buenos Aires (MALBA)
Horario:
Jueves a lunes y feriados: 12:00 a 20:00 h.
Martes: cerrado
Miércoles: 12:00 a 21:00 h.

Teatro Colón
Horario de funciones:
De miércoles a viernes a las 20:30 h.
Sábados a las 18:00 y 20:00 h.
Domingos a las 14:30 h.

2.A VOCABULARIO: LAS PROFESIONES

4.11 Fill in the blanks under each image with the appropriate profession from the list. *¡Atención!*
Remember to use the correct form of the noun to show agreement with the person in the
image. Then listen to the audio to check your answers.

mesero/a • bombero/a • enfermero/a • profesor/a • médico/a • cocinero/a
mecánico/a • veterinario/a • programador/a

a ....

b ....

c ....

d ....

e ....

f ....

g ....

h ....

i ....

4.12 With a partner, guess at the words for the following professions in Spanish. Use the *Modelo*
as a guide. What conclusions can you draw about the forms of these professions?

Modelo: tenis ▶ el/la tenista

fútbol ▶ .... piano ▶ ....
diente ▶ .... flor ▶ ....
taxi ▶ .... arte ▶ ....

4.13 Talk to your partner about the professions of people you know and the professions you are
considering for the future.

Modelo: Mi hermano es bombero. Yo quiero ser…

4.14 Match the following professionals to their workplace. Then to check your answers, take turns with a partner asking each other where these people work.

¿Dónde trabajan...?

a. los bomberos   **c.** los meseros   **e.** los veterinarios   **g.** los recepcionistas

b. los médicos   **d.** los cocineros   **f.** los actores / las actrices   **h.** los programadores

Trabajan en...

① ☐ el hotel   **②** ☐ la cocina   **③** ☐ el hospital

④ ☐ la clínica veterinaria   **⑤** ☐ el departamento de bomberos   **⑥** ☐ el teatro, el cine

⑦ ☐ la oficina   **⑧** ☐ el restaurante

computadora = ordenador (España)
mesero/a = camarero/a (España)

4.15 Look at the following list of activities that people have to do as part of their jobs. Then take turns with a partner asking each other who has to do each activity.

a. apagar fuegos *(fires)*   **e.** hacer películas *(movies)*

b. contestar el teléfono   **f.** servir cafés, refrescos...

c. cuidar *(care for)* a los enfermos / a los animales   **g.** preparar comidas

d. crear programas en la computadora   **h.** dar clases

Modelo: E1: ¿Quién tiene que apagar fuegos?

E2: El bombero o la bombera.

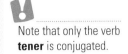

» Use the expression ***tener*** + ***que*** + **infinitive** to talk about the things you and others have to do.

Tengo que hacer deporte. *I have to play sports.*
Tienes que trabajar. *You have to work.*
Tenemos que estudiar. *We have to study.*

Note that only the verb **tener** is conjugated.

4.16 Choose two of the following professions and role play with a partner. Take turns asking each other about your jobs. Use the following questions.

Modelo: E1: ¿A qué te dedicas?

E2: Soy médica.

E1: ¿Dónde trabajas?

E2: Trabajo en el hospital.

E1: ¿Qué tienes que hacer?

E2: Tengo que cuidar a los enfermos.

¿A qué te dedicas? / ¿En qué trabajas? / ¿Qué haces? *(job-related)*

4.17 Create an identity for one of the people above and complete his/her information card below. Include any interesting information about the person's life. Be creative.

Nombre ▶ ....

Apellidos ▶ ....

Edad ▶ ....

Nacionalidad ▶ ....

Ciudad de residencia ▶ ....

Profesión ▶ ....

Lugar de trabajo ▶ ....

Idioma ▶ ....

Más información ▶ ....

Asking personal information:
- **¿Cómo** te llamas?
- **¿En qué** trabajas?
- **¿Cuántos** años tienes?
- **¿De dónde** eres?
- **¿Dónde** vives?
- **¿Qué** lenguas hablas?
- **¿A qué** te dedicas?

4.18 Take turns interviewing your partner to discover his/her new identity. What did you learn? Write a brief summary about the person.

Todos los días... *Everyday...*

...me levanto a las ocho. *...I get up at eight o'clock.*

...desayuno. *...I have breakfast.*

...almuerzo en casa. *...I have lunch at home.*

...ceno con mis padres. *...I have dinner with my parents.*

Por la mañana... *In the morning...*

...me ducho antes de desayunar. *...I shower before having breakfast.*

...hago la cama. *...I make my bed.*

...estudio en la universidad. *...I study at school.*

Por la tarde... *In the afternoon...*

...hago deporte. *...I play sports.*

...hago la tarea. *...I do my homework.*

Por la noche... *At night...*

...ceno. *...I have dinner.*

...me acuesto tarde. *...I go to bed late.*

Use **por** or **en** to give an approximate time.
- **Por** la mañana.
  (Sometime) In the morning.
- **En** la mañana.

4.19 Look at what Jorge does most days. Then, match the actions to the correct images.

1. ☐ Cena con sus padres.

2. ☐ Se levanta pronto.

3. ☐ Hace deporte.

4. ☐ Se acuesta a las diez de la noche.

5. ☐ Se viste.

6. ☐ Estudia en la universidad.

4.20

 Listen to Jordi Labanda, a well-known Spanish illustrator, talk about a typical day for him. Indicate during what part of the day he does the following things.

	Por la mañana	Por la tarde	Por la noche
a. Escucha música.	☐	☐	☐
b. Hace sus dibujos en su estudio.	☐	☐	☐
c. Tiene una reunión de trabajo.	☐	☐	☐
d. Almuerza muy tarde.	☐	☐	☐
e. Se acuesta.	☐	☐	☐
f. Desayuna y empieza a trabajar.	☐	☐	☐
g. Lee un poco.	☐	☐	☐
h. Cena en casa.	☐	☐	☐

4.21

 Take turns asking each other about Jordi's day and check your answers to Activity 4.20. Remember to use *cuándo* to ask when.

4.22

Answer the following questions about yourself. Then, tell your partner what is typical for you.

a. ¿Qué haces por la mañana?

b. ¿Haces deporte todos los días?

c. ¿Dónde estudias, en casa, en la biblioteca…?

d. ¿Dónde almuerzas, en casa, en la universidad…?

e. ¿Con quién cenas, con tus padres, con tus amigos…?

PRONUNCIACIÓN

THE SOUND OF *B* AND *V*

4.1

 Listen to the following words and repeat after the speaker.

a. **Ba**rcelona, sa**be**r, **bi**blioteca, **bo**lígrafo, **bu**eno.

b. **Va**lencia, **ve**inte, **vi**vir, **vo**sotros, **vu**estro.

> In Spanish, the letters **b** and **v** have the same sound, as the **b** in *boy*.

4.2

Fill in the blanks with *b* or *v* to complete the spelling of these words you already know. Then practice saying them aloud with a partner.

a. be……er
b. vi……ir
c. e……aluación
d. escri……es
e. vol……emos
f. ……iblioteca
g. ha……lar
h. ……einte
i. ……ien
j. ……erde

4.3

Look at Daniel's after-school activities. Fill in the blanks with *b* or *v* to complete his schedule.

L
– Ir a clases de ………aile.
– ……er mi serie de tele……isión fa……orita.

M
– Lle……ar al perro al ……eterinario.
– Estudiar ………iología por la noche.

X
– Partido de ………aloncesto.
– Escri………ir un correo a Tomás.

J
– Tra……ajar unas horas en la ……i……lioteca.
– Ir al cine con Ja………ier.

V
– Jugar al fút………ol.
– Na………egar por Internet.

¡EN VIVO!
Episodio 4

Problemas de horarios

ANTES DEL VIDEO

4.1 In small groups, share and discuss your answers to the following questions.

a. ¿Cuáles son tus horarios de clase?

b. ¿A qué hora empiezas las clases todos los días?

c. ¿Crees que es muy pronto?

d. ¿Tienes las tardes libres o tienes alguna actividad o tarea?

e. ¿Cuántas tardes libres tienes a la semana?

f. ¿A qué hora se levanta tu familia?

g. ¿Practicas algún deporte? ¿Qué días de la semana y a qué hora?

4.2 Look at the images and select the best option according to what you think is going to occur.

a. La casa está bastante **ordenada / desordenada**.

b. Los muchachos están **muy contentos / un poco enfadados**.

c. Los muchachos tienen **unos papeles en las manos / sus celulares en las manos**.

d. Están **en su casa / en la cafetería de la universidad**.

e. Lo que leen es algo **muy agradable / muy aburrido**.

DURANTE EL VIDEO

4.3 Watch the entire episode and indicate the correct option for each of the characters.

Actividades de Juanjo

1. Empieza las clases…
a. todos los días a las diez.
b. los lunes, martes y jueves a las diez.
c. los lunes, miércoles y viernes a las diez.

2. Los miércoles y viernes…
a. se levanta a las siete.
b. se levanta a las diez.
c. se levanta a las ocho.

3. Los martes por la tarde…
a. estudia.
b. juega al fútbol.
c. va al gimnasio.

4. Queda con los amigos…
a. los sábados.
b. los lunes por la tarde.
c. los miércoles por la noche.

Actividades de Alfonso

1. Tiene clases…
a. de lunes a viernes a las nueve.
b. de lunes a viernes a las ocho y media.
c. de lunes a viernes a las ocho.

2. Todos los días se levanta…
a. a las siete de la mañana.
b. a las ocho de la mañana.
c. a las siete y media de la mañana.

3. Por las tardes…
a. trabaja para ayudar a sus padres.
b. va al gimnasio.
c. estudia y hace la tarea.

4.4 ___ Watch the episode again and fill in the missing words.

a. La madre de Juanjo es .... y trabaja en un hospital.

b. El padre de Alfonso es ....

c. El padre de Alfonso se despierta a las ....

d. La madre de Juanjo se levanta a las ....

4.5 ___ Take another look at the images and match the sentences below to the appropriate image.

⚙️ **ESTRATEGIA**

Observing details

Improve comprehension by observing the surroundings and other accompanying details of a scene. Watch the episode with the volume off and focus on the details you might otherwise miss. The details you observe will help you to understand the situation and the context in which it unfolds.

a. Juanjo lee los horarios de clase.

b. Alfonso se ríe porque Juanjo juega al "Mario Kart".

c. Juanjo le da un lápiz a Alfonso.

d. Hay una maleta encima de la cama.

e. Se ve una mesilla blanca.

f. Los muchachos leen sus horarios de clase.

4.6 ___ Indicate what is true for you. Then share your responses with a partner. Which of you helps out more? Which one has the busier schedule?

a. Hago algunas tareas de la casa.

b. Algunas veces hago la compra.

c. Hago la cama todos los días.

d. Ayudo a mi familia en las tareas diarias.

e. Los horarios de clase son horribles.

f. Algunos días a la semana hago deporte.

4.7 ___ In small groups, answer the questions and exchange opinions.

a. ¿Crees que los muchachos tienen realmente unos horarios horribles?

b. ¿Crees que los jóvenes actualmente tienen demasiadas obligaciones?

c. ¿Qué es más importante, tu vida académica y/o profesional o tu vida personal y tus aficiones?

DESPUÉS DEL VIDEO

GRAMÁTICA

1. STEM-CHANGING VERBS E ▶ IE, O ▶ UE, AND E ▶ I

>> In Spanish, some verbs have an irregular stem in the present tense. The vowel in the last syllable of the stem changes from **e ▶ ie, o ▶ ue**, and **e ▶ i** in all forms except **nosotros/as** and **vosotros/as**. Look at the verb charts below to see examples of these types of verbs.

>> **E ▶ IE.** The –**e**– in **empezar** changes to –**ie**– in all forms but **nosotros/as** and **vosotros/as**.

EMPEZAR *(to start, begin)*			
yo	emp**ie**zo	nosotros/as	empezamos
tú	emp**ie**zas	vosotros/as	empezáis
usted/él/ella	emp**ie**za	ustedes/ellos/ellas	emp**ie**zan

Mis clases **empiezan** a las ocho.
My classes start at eight o'clock..
¿A qué hora **empiezas** la tarea?
What time do you begin your homework?

>> Other verbs that stem change from **e ▶ ie**:

cerrar *to close*   La tienda **cierra** a las diez. *The store closes at ten o'clock..*
entender *to understand*   Ustedes **entienden** español. *You (all) understand Spanish.*
pensar *to think*   Yo **pienso** que es verdad. *I think it's true.*
preferir *to prefer*   Tú **prefieres** el color azul. *You prefer the color blue.*
querer *to want (to do something)*   Los estudiantes **quieren** descansar. *The students want to rest.*

>> **O ▶ UE.** The –**o**– in **volver** changes to –**ue**– in all forms but **nosotros/as** and **vosotros/as**.

VOLVER *(to return)*			
yo	v**ue**lvo	nosotros/as	volvemos
tú	v**ue**lves	vosotros/as	volvéis
usted/él/ella	v**ue**lve	ustedes/ellos/ellas	v**ue**lven

Yo **vuelvo** a casa a las cuatro.
I return home at four o'clock.
Mi padre **vuelve** a casa a las seis.
My father returns home at six o'clock.

>> Other verbs that stem change from **o ▶ ue**:

almorzar *to have lunch*   Yo **almuerzo** a las doce. *I have lunch at twelve o'clock.*
dormir *to sleep*   Los estudiantes **duermen** mucho. *The students sleep a lot.*
encontrar *to find*   Ellos **encuentran** una excusa para dormir más. *They find an excuse to sleep more.*
poder *to be able to, can*   Ellos **pueden** quedar a las cinco. *They can meet up at five o'clock.*

>> **E ▶ I.** The –**e**– in **servir** changes to –**i**– in all forms but **nosotros/as** and **vosotros/as**.

SERVIR *(to serve)*			
yo	s**i**rvo	nosotros/as	servimos
tú	s**i**rves	vosotros/as	servís
usted/él/ella	s**i**rve	ustedes/ellos/ellas	s**i**rven

● ¿Qué **sirven** en la cafetería?
What do they serve in the cafeteria?
● **Sirven** pizza.
They serve pizza.

>> Other verbs that stem change from **e ▶ i**:

pedir *to ask for, to order*   **Pido** pizza por teléfono. *I order pizza on the phone.*
repetir *to repeat*   La profesora **repite** la tarea. *The teacher repeats the homework.*

4.1 Ask your partner about his/her preferences.

Modelo: E1: ¿Qué prefieres, un café o un refresco?

E2: Prefiero un refresco.

a. Matemáticas o Historia

b. el fútbol o el fútbol americano

c. un sofá o una silla

d. una casa o un apartamento

e. estudiar en casa o estudiar en la biblioteca

f. comer en McDonald's o comer en Taco Bell

4.2 Describe what the following people do using each of the verbs in parenthesis. Then take turns reading your sentences aloud to your partner.

Modelo: Mi padre (volver a casa a las tres, almorzar en casa)

Mi padre vuelve a casa a las tres. Almuerza en casa.

a. tú (empezar temprano, dormir poco por la mañana, pedir agua para beber)

b. nosotros (entender la tarea, almorzar en la cafetería, volver a casa a las tres)

c. Maribel (querer vivir en la ciudad, poder tener un perro en casa, preferir viajar en carro)

d. los estudiantes (poder bailar en clase, repetir después de la profesora, cerrar los libros)

4.3 Using the sentences in Activity 4.2, tell your partner whether you do the same things. If you don't do the activity, use *no* before the verb.

Modelo: Yo vuelvo a casa a las tres. No almuerzo en casa.

2. VERBS *HACER* AND *SALIR*

» Some verbs in Spanish are irregular only in the **yo** form.

	HACER (to do, to make)	SALIR (to go out, to leave)
yo	**hago**	**salgo**
tú	haces	sales
usted/él/ella	hace	sale
nosotros/as	hacemos	salimos
vosotros/as	hacéis	salís
ustedes/ellos/ellas	hacen	salen

Siempre salgo tarde del trabajo.

Yo **salgo** con mis amigos los sábados.
I go out with my friends on Saturdays.

¿Cuándo **sales** con tus amigos?
When do you go out with your friends?

Yo **hago** la cama todos los días.
I make my bed every day.

4.4 Fill in the blanks with the correct form of *hacer* or *salir* to describe what the following people do.

a. Patricia .... con sus amigos.

b. Nosotros .... la cena todas las noches.

c. Los domingos yo .... a correr por el parque.

d. Yo .... con mi perro a pasear.

e. Roberto .... la tarea en su computadora.

f. El padre y el hijo .... la cama.

4.5 Take turns asking your partner if he/she does some of the same things as the people above. Use the correct form of *hacer* or *salir* in the questions below.

a. ¿.............. con tus amigos?

b. ¿.............. la cama?

c. ¿.............con tu perro a pasear?

d. ¿.............. la tarea en tu computadora?

e. ¿.............. a correr los domingos?

f. ¿.............. la cena todas las noches?

3. REFLEXIVE VERBS

» A reflexive verb requires a reflexive pronoun (**me**, **te**, **se**, **nos**, **os**, **se**) that refers the action of the verb back to the person doing the action, the subject. In Spanish, reflexive verbs are often verbs used to describe actions related to personal care and daily routines. That is, actions that you do for yourself.

Yo **me levanto**. *I get up (physically, by myself).*   *Yo* **me ducho**. *I shower (myself).*

» Reflexive verbs in Spanish have regular –**ar**, –**er** or –**ir** endings. Some verbs will have a stem change. Look at the forms of the following reflexive verbs.

	LEVANTARSE *(to get up)*	**DESPERTARSE** *(to wake up)*	**ACOSTARSE** *(to go to bed)*	**VESTIRSE** *(to get dressed)*
yo	me levanto	me desp**ie**rto	me ac**ue**sto	me v**i**sto
tú	te levantas	te desp**ie**rtas	te ac**ue**stas	te v**i**stes
usted/él/ella	se levanta	se desp**ie**rta	se ac**ue**sta	se v**i**ste
nosotros/as	nos levantamos	nos despertamos	nos acostamos	nos vestimos
vosotros/as	os levantáis	os despertáis	os acostáis	os vestís
ustedes/ellos/ellas	se levantan	se desp**ie**rtan	se ac**ue**stan	se v**i**sten

Mi madre **se acuesta** *a las doce.* *My mother goes to bed at twelve o'clock.*

Me visto *antes de desayunar.* *I get dressed before having breakfast.*

Nos despertamos *tarde.* *We wake up late.*

» Other reflexive verbs:

ducharse *to shower*   **bañarse** *to take a bath*   **quejarse** *to complain*

4.6 _____ Fill in the blank with the correct reflexive pronoun. *¡Atención!* Remember that the reflexive pronoun and the form of the verb refer to the same subject (or person).

a. ¿A qué hora .... despiertan?　　　**c.** ¿A qué hora .... acostamos?

b. ¿A qué hora .... levantas?　　　**d.** ¿A qué hora .... ducha tu hermana?

4.7 _____ Write out the answers to the questions above. *¡Atención!* Remember to conjugate the infinitives and use the correct reflexive pronouns.

a. Yo / levantarse / a las ocho. ....

b. Mi hermana / ducharse / a las siete y media. ....

c. María y tú / despertarse / a las ocho y media. ....

d. Nosotros / acostarse / a las diez y media. ....

4.8 _____ Look at Rosa's schedule for the day. With a partner, take turns saying what she does and when.

(Modelo:)　Rosa se levanta a las siete y cuarto.

♻ _____ Use **de... a...** to talk about a period of time.
- Tiene clase **de dos a tres** de la tarde.

Martes, 4 de abril
7:15　Levantarme.
7:15 - 7:25　Ducharme en diez minutos, ¡no más tiempo!
7:30　Vestirme rápido.
7:45　Desayunar con mamá.
8:10　Tomar el autobús.
8:30 - 14:00　Trabajo, ¡no puedo llegar tarde!
14:30　Almorzar con las muchachas en la cafetería de la universidad.

Important ....

Martes, 4 de abril
15:30 - 17:00　Clase de Marketing, ¡qué aburrido!
17:30 - 19:00　Clase de Inglés II.
20:00　Clase de Zumba en el gimnasio. Si no estoy muy cansada.
21:30　Cena con Jenny y Marta.
22:30　En casa, serie *Escándalo*, ¡tengo que ver el último episodio!
24:00　Acostarme.

Important ....

4.9 _____ Prepare a similar description about your day. Then take turns with a partner asking each other about what you do and when.

¿A qué hora te levantas?

Me levanto a las siete.

¿Qué haces después?

VIDEOCLASES
7 Y **8**

DESTREZAS

1. COMPRENSIÓN DE LECTURA

4.1 Look at the title of the article you will be reading. What do you think it's about?

4.2 Read the article. What type of information is presented and in what format?

⚙️ **ESTRATEGIA**

Focusing on specific information

Familiarize yourself with the text by first reading the title and subtitle. Then glance at the text to see if there is a specific type of information presented. This will help you concentrate on the information you need to complete the task.

Los hispanos y su día a día

Según una encuesta del Centro Superior de Sociología, el 56 % de los españoles se levanta pronto por la mañana. Solo un 32 % sale de noche todos los días. Muy pocos españoles van a los toros *(bullfights)*, el 14 %. El 62 % ve la televisión por la noche.

Un 34 % de los españoles va todas las semanas al cine. La siesta se practica en España, pero pocos españoles duermen todos los días la siesta, solo un 22 %. Los españoles viajan bastante todos los fines de semana, un 58 %, y un porcentaje similar practica algún deporte. Eso sí, nadie cena muy pronto, nunca antes de las ocho de la tarde, en eso no han cambiado las costumbres.

Por otra parte, los mexicanos destacan *(stand out)* entre los ciudadanos más felices, según otro estudio. De él se deduce que una de las claves *(keys)* de la felicidad es el contacto entre las personas. El 77 % de las personas entrevistadas coincide en que el contacto diario con padres y familiares es una fuente *(source)* de felicidad. El 39 % considera que una de las cosas más placenteras del día es salir en la tarde con algún ser querido *(loved one)*; el 22 % comer con la familia los domingos y el 17 % hablar con amigos y compañeros. El 14 % de los participantes señala que ver la televisión en la noche es una fuente de felicidad. El mundo virtual es importante, pero pocos mexicanos chatean con otra persona, el 5 %. Y muy pocos mexicanos indican que recibir un mensaje en el celular les alegra, el 2 %.

4.3 Read the first part of the article again and record the percentages gathered from the survey conducted in Spain for each of the following activities.

	%	La mayoría	Muchos	Pocos	Muy pocos	(Casi) nadie
a. Se levanta temprano.	☐	☐	☐	☐	☐	☐
b. Sale de noche todos los días.	☐	☐	☐	☐	☐	☐
c. Va a los toros.	☐	☐	☐	☐	☐	☐
d. Ve la televisión por la noche.	☐	☐	☐	☐	☐	☐
e. Va todas las semanas al cine.	☐	☐	☐	☐	☐	☐
f. Duerme todos los días la siesta.	☐	☐	☐	☐	☐	☐
g. Viaja todos los fines de semana.	☐	☐	☐	☐	☐	☐
h. Practica a menudo deporte.	☐	☐	☐	☐	☐	☐
i. Cena antes de las ocho de la tarde.	☐	☐	☐	☐	☐	☐

4.4 Look at the percentages you recorded in Activity 4.3 and decide what category (*la mayoría, muchos, pocos,* etc.) best describes the number of people who do the activity. Compare your answers with a partner.

4.5 Arrange the following activities in order of importance according to the information from the survey conducted in Mexico. Include the percentages. Then arrange the activities in order of importance for you. Discuss your answers in small groups.

%	Para los mexicanos	Para mí
	comer con la familia los domingos	
	tener contacto todos los días con padres y familiares	
	ver la televisión en la noche	
	recibir un mensaje en el celular	
	salir en la tarde con gente querida	
	hablar con amigos y compañeros	
	chatear con otra persona	

2. EXPRESIÓN ESCRITA

4.6 Think about where you live and the things people in your community do on average. You can focus on certain sectors such as families, students, workers, etc.

 ESTRATEGIA

Collaborating with others

Collaborating and cooperating with others allows you to jump start the writing process. Share ideas with classmates in Spanish to practice the language and target the content you would like to develop in your writing.

Use the following expressions when writing an e-mail:

De: *From*
Para: *To*
Asunto: *Subject*
Querido/a: *Dear*
Chao / Adiós / Hasta luego: *Farewell (closing)*

4.7 Write an e-mail to a friend in Mexico and tell him/her what a normal day is like for most people in your city or state. Be sure to include the following.

- saludo
- explica qué hace la gente un día normal
- habla de las rutinas diarias y las actividades de tiempo libre
- pregúntale algo sobre su vida
- despedida

3. INTERACCIÓN ORAL

4.8 Prepare a talk to present to the class about your own day. Choose three of the four topics to address in your presentation. Use the questions as a guide.

 ESTRATEGIA

Creating an activity chart

Preparing a list of information ahead of time about the things people do helps you organize your description and sequence activities effectively. Creating a chart provides the order you need to make the presentation flow more smoothly.

Mi vida diaria

- trabajos y estudios
- hábitos y costumbres
- tiempo libre
- comidas y horarios
- obligaciones

- ¿Qué haces?
- ¿A qué hora?
- ¿Qué día?
- ¿Qué tienes que hacer?

Teatro Colón, Buenos Aires

VIVIR EN Argentina

Este país latinoamericano es famoso por el fútbol, el tango y sus hermosos paisajes*. Pero, ¿cómo son los muchachos que viven allí? Vamos a conocerlos...

Una muchacha tomando mate

Turistas en el glaciar Perito Moreno, en la Patagonia

LOS PORTEÑOS

Buenos Aires es la capital de Argentina. Está situada en la región centro-este del país. Tiene casi tres millones de habitantes, y alrededor de* doce si se tiene en cuenta el conurbano*. Como está junto al Río de la Plata y es un puerto importante, los habitantes de esta ciudad se llaman porteños. Debido a su arquitectura, se la conoce en el mundo como «La París de América».

UNA CIUDAD INTENSA

Buenos Aires ofrece una vida cultural intensa: es la ciudad con más teatros del mundo (más de ciento cincuenta), incluyendo el famoso teatro Colón, dedicado al ballet y a la música clásica.

Pero también, como todas las grandes ciudades, impone* un ritmo rápido y a veces peligroso. Es la cuarta ciudad más ruidosa del mundo, en gran parte debido al* tráfico en sus calles. Y es, según la Organización de los Estados Americanos (OEA), una de las ciudades con más robos del continente.

«Los muchachos porteños somos curiosos, creo que extrovertidos, pero también un poco desconfiados*», dice Tomás, un estudiante de informática de dieciocho años. «Tenemos cuidado al ir por la calle y estamos acostumbrados* a vivir con un poco de estrés», explica.

¿Cómo es la vida en tu ciudad? ¿Crees que hay mucho estrés en la ciudad donde vives? ¿Es similar o muy diferente al estrés en Buenos Aires?

La avenida 9 de Julio, en la capital del país

LOS «NINI»

Al igual que en otros países como España o México, un porcentaje cercano al 17% de los jóvenes argentinos no estudia ni trabaja. Son la Generación Nini. En parte debido a la crisis económica, en parte debido a que todavía tienen mucho por aprender, la vida de los muchachos de entre trece y diecinueve años no es fácil. «Es uno de los grupos más vulnerables y frágiles, al que le cuesta bastante conseguir empleo, a veces debido a que algunos tienen escasa* experiencia laboral, calificación y nivel de instrucción», dice Victoria Mazzeo, de la Dirección General de Censos y Estadísticas del Gobierno de Buenos Aires. Sin embargo, uno de cada diez jóvenes estudia y trabaja a la vez. «Antes de empezar a trabajar, yo era un desastre en el colegio. Ahora me volví más responsable», dice Tomás Arana, un joven argentino de diecinueve años. Tomás está estudiando periodismo y tiene dos trabajos: niñero* y mesero. «Así, me pago mis gastos* y ayudo un poco en casa», explica.

> **¿Te parece difícil estudiar y trabajar al mismo tiempo? ¿Cuál es tu situación? ¿También estudias y trabajas?**

LA VIDA DIARIA

La tecnología es un aspecto importante en la vida de los jóvenes argentinos. Más de la mitad pasa cuatro horas diarias conectado a Internet. «Ni bien llego a casa, enciendo la computadora», dice Raúl, de veinte años. «Primero escribo correos y actualizo* mis páginas en las redes sociales».

Nueve de cada diez argentinos afirma que la amistad es un aspecto esencial en sus vidas. El 49% de los jóvenes celebra el Día del Amigo el veinte de julio. «Mis amigos y yo nos vemos dos veces por semana, normalmente nos reunimos a tomar mate[1]», dice Julia, una joven de la provincia de Mendoza.

> **¿Usas Internet de forma similar a los jóvenes argentinos? ¿Qué haces cuando te conectas? ¿Qué haces cuando te reúnes con tus amigos?**

[1] El mate es una infusión de hierbas típica de Argentina, Uruguay, Paraguay y Brasil. Se bebe en un recipiente hecho con una calabaza*, llamado mate, a través de una caña de metal, llamada bombilla.

ANSWER THE FOLLOWING QUESTIONS

a Después de leer este artículo, ¿te gustaría vivir en Buenos Aires? ¿Por qué?

b ¿Qué cosas tienes en común con los muchachos porteños que hablan en este artículo? ¿Y qué diferencias notas?

c ¿Estás acostumbrado a vivir con un poco de estrés? ¿Piensas que esto es algo positivo o negativo? ¿Por qué?

d Compara algunos aspectos de tu vida diaria con la de los argentinos.

VOCES LATINAS

Vivir en Buenos Aires

GLOSARIO					
acostumbrados – used to		**el conurbano** – metro area		**los gastos** – expenses	
actualizo – I update		**debido a** – due to		**impone** – imposes	
alrededor de – around		**desconfiados** – distrustful		**el niñero** – nanny	
la calabaza – gourd		**escasa** – limited		**el paisaje** – landscape	

Fuentes: *Clarín*, *La Nación*, TNS, Organización de los Estados Americanos (OEA), Unicef y entrevistas.

EN RESUMEN

Situación

Crea un horario y administra el tiempo

You have some free time in your schedule and have decided to look for a part-time job.

LEARNING OUTCOMES

	ACTION

Talk about professions

4.1 You would like to apply for a job as a veterinarian's assistant (or a mechanic's, a chef's, a teacher's, or a nurse's assistant). Write a brief cover letter explaining why you would be a good candidate for the job. Describe the things you want to do, can do, and prefer to do as they relate to the job. Be sure to include when you can start.

Ask and give the day and time

4.2  Your prospective employer wants to meet with you to set up a work schedule, where you will work for a total of fifteen hours a week. Map out your weekly schedule of classes and other activities. Then discuss what times and days you are available to work. Your partner will play the part of the employer. Then switch roles.

Describe daily routines and everyday activities

4.3 Your mother (or father or any other family member) is worried about you and wants to know how you are doing. Write her an e-mail explaining what your day is like and what you do at work, school, and with friends.

⬤⬤⬤	Asunto:	
De:		Para:

Make plans

4.4 You and your friend have each been working at your new jobs for two weeks. Use the schedule each of you prepared in Activity 4.2 to make plans to get together. Agree on what you want to do and the day, time, and place to meet. Make a note on your calendar about your plans.

LISTA DE VOCABULARIO

Las profesiones Professions

¿En qué trabajas? What is your profession?
bombero/a firefighter
cocinero/a cook
mecánico/a mechanic
médico/a doctor
mesero/a waiter/waitress
programador/a computer programmer
recepcionista receptionist
veterinario/a veterinarian

Decir la hora Telling time

¿A qué hora...? At what time...?
de la mañana a.m.
del mediodía noon
de la noche p.m.
de la medianoche midnight
de la tarde p.m.
en punto sharp
Es la una. It's one o'clock.
menos cuarto quarter to
¿Qué hora es? What time is it?
y cuarto quarter past
y media half past

Expresiones de tiempo
Time expressions

fin de semana weekend
horario schedule
por/en la mañana in the morning
por/en la noche at night
por/en la tarde in the afternoon
todos los días everyday
temprano early

Los días de la semana
Days of the week

lunes Monday
martes Tuesday
miércoles Wednesday
jueves Thursday
viernes Friday
sábado Saturday
domingo Sunday

Verbos Verbs

acostarse (o>ue) to go to bed
almorzar (o>ue) to have lunch
cenar to have dinner
cerrar (e>ie) to close
cuidar to take care of

desayunar to have breakfast
despertarse (e>ie) to wake up
dormir (o>ue) to sleep
ducharse to shower
empezar (e>ie) to start, begin
entender (e>ie) to understand
hacer to do, to make
hacer deporte to play sports
hacer la tarea to do homework
levantarse to get up
navegar por Internet to go on the Internet
pedir (e>i) to ask for, to order
pensar (e>ie) to think
poder (o>ue) to be able, can
preferir (e>ie) to prefer
quedar to meet up with someone
quejarse to complain
querer (e>ie) to want (to do something)
repetir (e>i) to repeat
salir to go out, to leave
servir (e>i) to serve
tener que to have to (do something)
vestirse (e>i) to get dressed
volver (o>ue) to return

5

¿TE GUSTA?

Hablamos de…	Vocabulario y comunicación	¡En vivo!	Gramática	Destrezas	Sabor latino	En resumen
• El tiempo libre	• **Actividades de ocio y tiempo libre:** Talking about free time and describing moods and feelings • **Los alimentos:** Ordering in a restaurant **Pronunciación** • The sounds of *r* and *rr*	• **Episodio 5 Un pelo en mi cena:** Using images to predict content	• *Gustar* and similar verbs • Using *también* and *tampoco* to agree and disagree • Verb *doler* and parts of the body	• **Las recomendaciones de Mónica** – **Comprensión de lectura:** Making inferences about personality and attitude – **Expresión escrita:** Using supporting examples – **Interacción oral:** Using models	• **Tradiciones gastronómicas**	• **Situación:** Visita a una familia venezolana • Vocabulario

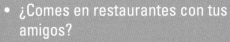
Los amigos quieren explorar nuevos caminos.

- ¿Comes en restaurantes con tus amigos?
- ¿Prefieres la comida de restaurantes o la comida de casa?
- ¿Qué pides en tu restaurante favorito?

LEARNING OUTCOMES

By the end of this unit, you will be able to:

- Talk about what you do in your free time
- Describe likes and dislikes
- Express agreement and disagreement
- Order in a restaurant
- Explain what part of the body hurts
- Describe how you are feeling

El tiempo libre

5.1 Look at the image of students studying before going to class. Then complete the sentences according to the image.

a. La imagen representa a unos ....
....

b. Ellos están en ....
....

c. Los amigos estudian antes de ....
....

d. Según la imagen, la escena tiene lugar por la ....

5.2 Listen to the conversation. Then decide whether the following statements are true (T) or false (F).

Quique: ¿Qué tal, muchachos? ¿Qué tal llevan el examen?
Germán: Yo no muy bien, estoy un poco preocupado.
Carmen: Pero si tú estudias mucho, ¡seguro que te sale bien! ¿A que sí, Noelia?
Noelia: Pues claro. Yo creo que va a ser bastante fácil. Además, esta tarde ya no tenemos que estudiar.
Quique: Es verdad. ¿Qué quieren hacer? ¡Ah!, podemos jugar a videojuegos. ¡Me encantan los videojuegos!
Germán: Es que estoy cansado de jugar siempre con los videojuegos.
Carmen: Vale, ¿y qué tal si hacemos deporte?
Germán: No sé, es que me duele *(hurts)* la

pierna por el partido de fútbol del domingo.
Noelia: Podemos ir a comer algo. Germán, tú siempre tienes hambre, ¿no?
Germán: Vale, pero no quiero ir a un restaurante con mucha gente, que seguro que tenemos que esperar *(wait)* mucho para sentarnos *(to sit)* y estoy de mal humor por lo del examen.
Quique: ¿Qué? ¡Pero si siempre estás contento!
Carmen: Chévere, pues más tarde decidimos. Después del examen seguro que estás más contento.
Germán: Es verdad, muchachos. ¿Vemos una película? Me gusta la nueva de ciencia ficción.
Quique: A mí también.
Carmen: Sí, de acuerdo.

	T	F
a. Germán cree que el examen le va a salir mal.	☐	☐
b. Tienen clase por la tarde.	☐	☐
c. Quique está de mal humor.	☐	☐
d. Noelia piensa que el examen va a ser bastante fácil.	☐	☐
e. Carmen y Quique están de acuerdo con Germán.	☐	☐

5.3 Answer the following questions about the conversation.

a. ¿Cuántos planes proponen *(suggest)* los amigos para hacer esta tarde?

b. ¿Qué plan deciden hacer finalmente?

c. ¿A quién le duele la pierna?

d. ¿Por qué Germán no quiere ir a comer?

e. ¿Por qué no quiere jugar a los videojuegos?

5.4 Match the caption to the image.

1. ☐ A Mario y a Graciela les gusta la montaña y montar en bici. Ahora están cansados.

2. ☐ A Ana le encanta chatear con sus amigos de Argentina. Es muy abierta.

3. ☐ A Andrea le gusta hacer fotos, también le gustan los perros. Es muy simpática.

4. ☐ A Pablo le encanta ir de compras y comprar zapatos. Está muy contento.

5.5 With a partner, take turns saying which of the following activities you like to do in your free time.

(Modelo:) Me gusta ir de compras y comprar bolsos.

– chatear con amigos
– ir de compras y comprar…
– escuchar música en mi mp4
– jugar a los videojuegos

– hacer deporte
– montar en bici
– hacer fotos
– ver una película

¡A Quique le encanta jugar a los videojuegos!

5.6 Compare sentences with *encantar* and *gustar* used in Activity 5.4. What do you think is the difference between the two expressions? Discuss with a partner. Then write your own sentences using *me encanta* and *me gusta* to share with the class.

APUNTES: Colombia, un país lleno de gente alegre

✓ Según una reciente encuesta, 7 de cada 10 colombianos declaran estar alegres la mayor parte del tiempo. Muy pocos, solo un 3%, dicen que están tristes.

✓ Igualmente, 7 de cada 10 colombianos se ríen para expresar que están contentos.

✓ Los colombianos reaccionan de maneras diferentes cuando están alegres. En Barranquilla se expresa a través del baile y del canto.

✓ También varía por edad. A los jóvenes de entre los 18 y 24 años estar con los amigos les genera alegría mientras que para los adultos de entre los 25 y 34 años la alegría está relacionada con el bienestar económico.

✓ Al 24% de los encuestados estar con la familia les produce alegría.

Fuente: Centro Nacional del Consultoria (CNC)

1.A VOCABULARIO: ACTIVIDADES DE OCIO Y TIEMPO LIBRE

5.1 Look at the images below. What type of activities do they all represent?

a. .... los bolos
Jugar a

b. .... a los videojuegos
Jugar a

c. .... al fútbol
Jugar

d. .... una película
ver

e. .... natación
hacer

f. .... esquí
hacer

g. .... judo
hacer

h. .... ciclismo
hacer

i. .... un refresco
tomar

j. .... deporte
hace

k. *Ver.* la televisión

l. .... un concierto
ver

m. .... una exposición
ver

n. .... Internet
navegar por

ñ. .... unas tapas o botanas
tomar

o. .... el mar
navegar por

p. .... yoga
hacer

q. .... el sol
tomar

5.2 Complete the captions above with one of the following verbs. Then listen to the audio to check your answers.

ver • tomar • hacer
jugar a • navegar por

5.3 With a partner, place the activities in the appropriate category and add two more examples to each category.

TOMAR	VER	JUGAR A	HACER	NAVEGAR POR
a. *unas tapas o botanas*	a.	a.	a.	a.
b. *el sol*	b.	b.	b.	b.
c.	c.	c.	c.	
	d.		d.	
			e.	
			f.	

5.4 Think about the activities you would like to do this weekend. Then in groups of three, take turns offering suggestions for what to do together until you have completed the agenda below.

Modelo: E1: El viernes por la tarde, ¿quieren ver una película?
E2: Sí, buena idea. / Realmente no. ¿Qué tal si vamos a tomar unas tapas?
E3: Chévere. / Sí, perfecto.

	Mañana	Tarde	Noche
Viernes			
Sábado			
Domingo			

5.5 Make one or two recommendations for each of the following people based on their moods, personalities, and circumstances as described below. Then take turns with a partner exchanging your suggestions. Record all the suggestions provided.

Modelo: E1: ¿Qué puede hacer Isabel?
E2: Isabel puede ver la televisión.

¿Qué puede(n) hacer?	Puede(n)...
a. Isabel es muy tranquila. A ella no le gusta salir. Prefiere estar en casa.	
b. Violeta vive cerca de la playa *(beach)*. La temperatura hoy es de noventa y cinco grados y ella tiene calor.	
c. Paco y sus amigos tienen mucha energía y son muy activos. A ellos les gusta competir.	
d. Iván está aburrido. Le gusta mucho el arte y la música. A sus amigos también.	

5.6 Select from the options you and your partner prepared in Activity 5.3 and say which one you would prefer to do in each case.

a. Cuando estoy en casa, me gusta…
b. Cuando tengo calor,…
c. Si tengo que competir con mis amigos,…
d. Si paso tiempo con mis amigos,…

5.7 Look at the image of Miguel and try to guess what four activities he likes to do in his free time. Then listen to the audio to check your answers.

☐ viajar con amigos
☐ escuchar música
☐ tomar tapas con los amigos
☐ ver conciertos en directo
☐ ver la televisión
☐ hacer deporte
☐ navegar por Internet
☐ viajar solo

5.8 What can you guess about Inés and the things she likes to do in her free time based on the image of her below? Discuss with a partner.

5.9 Write a short description about Inés. Include the following:

– two personality traits
– how she is feeling today
– three activities she likes to do in her free time
– one activity she doesn't like to do

Inés es…
....
....
Hoy está…
....
....
A ella le gusta…
....
....
A ella no le gusta…
....
....

5.10 Prepare a similar description about yourself. Then share the information you wrote about yourself and Inés with the class. *¡Atención!* To say what you like (and don't like) use *A mí me gusta… / A mí no me gusta…*

1.B COMUNICACION: TALKING ABOUT FREE TIME AND DESCRIBING MOODS AND FEELINGS

Use **ser** to describe personality traits and characteristics with:

- aburrido/a *boring*
- alegre, divertido/a *fun, lively*
- antipático/a *disagreeable*
- inteligente *intelligent*
- simpático/a *likeable*
- tranquilo/a *quiet*

ESTAR

» Use **estar** to describe a person's mood or feelings at a particular moment.
*Germán **está** preocupado por el examen.* *Germán is (feeling) worried about the test.*

» Adjectives commonly used with **estar**:

tranquilo/a *(feeling) relaxed*	alegre, contento/a *(feeling) happy*
de buen/mal humor *in a good/bad mood*	cansado/a *(feeling) tired*
preocupado/a *(feeling) worried*	triste *(feeling) sad*
bien, perfecto *(feeling) fine*	enfadado/a *(feeling) angry*

5.11 Look at the following people and describe their mood using *estar* and the expressions above. Check your answers with a partner. More than one answer is possible.

....

5.12 Take turns with a partner saying whether you are feeling the same as the people above.

Modelo: Yo (no) estoy...

5.13 Listen to the conversation and fill in the blanks with the missing words.

Carlos: ¿Qué te pasa, Rafael? Hoy no .... muy ....
Rafael: Bueno, es que .... un poco ....
Carlos: ¡Pero qué dices! Si tú .... muy .... Venga, vamos a dar un paseo.
Rafael: Bueno, vale.

5.14 Complete the questions with *ser* or *estar*.

a. ¿Cómo .... tu mejor amigo/a? ¿Cómo .... ustedes cuando están juntos?

b. Cuando .... enfadado, ¿qué haces?

c. Normalmente, ¿ .... una persona tranquila o nerviosa? ¿Cómo .... ahora? ¿Por qué?

d. ¿Cómo.............. tus padres? ¿Estrictos? ¿Generosos? ¿Cuándo .... preocupados?

e. ¿Tienes hermanos? ¿ .... mayores o menores que tú? Cuando estás en la universidad, ¿ .... triste cuando no estás con ellos? ¿Por qué?

5.15 Now use the questions you prepared to interview a partner. What do you have in common?

5.16 Using the list of foods below, complete the words under each image to identify the food in Spanish. Then listen to the audio to check your answers.

carne • huevos • naranjas • queso • cebollas • leche
pimientos • tomates • frijoles • marisco • pollo • zanahorias

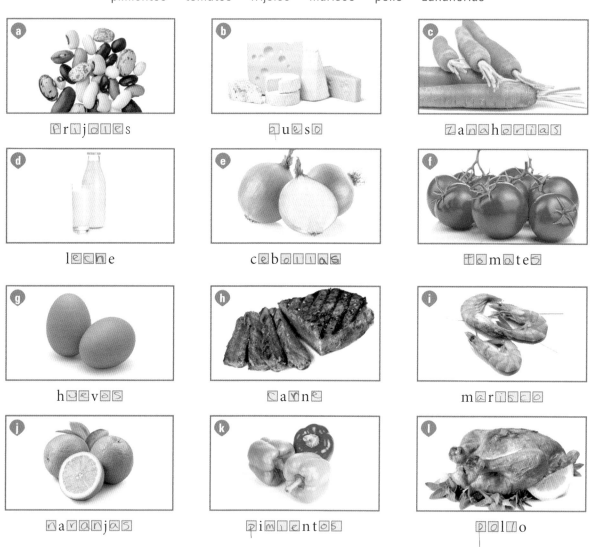

a. Frijoles

b. Queso

c. Zanahorias

d. leche

e. cebollas

f. tomates

g. huevos

h. carne

i. marisco

j. naranjas

k. pimientos

l. pollo

5.17 Read the descriptions about two famous celebrities and their lifestyles. Cross out the foods each one dislikes.

A Gael le gusta mucho estar con sus amigos e ir a fiestas y estrenos de películas. Con su horario de trabajo, no pasa mucho tiempo en casa y come casi siempre en restaurantes. Gael es amante de la comida rápida, sobre todo las hamburguesas con papas fritas. También le gustan los postres como el helado y la tarta de chocolate. No le gusta nada la verdura ni la fruta.

A Liliana le gusta cuidarse. Va al gimnasio tres veces por semana y los fines de semana practica natación, pilates y también le gusta el *spinning*. Para comer, a Liliana le gustan las ensaladas y todo tipo de pescado y fruta. No le gusta la comida grasosa *(greasy)* y toma mucha agua. Su estómago no tolera los productos lácteos como el yogur.

5.18 Choose from the list below the snack foods you think Gael and Liliana most likely eat. Exchange opinions with your partner.

palomitas de maíz

papitas fritas

manzanas

Showing agreement and disagreement with someone's opinion:
- Creo que / Pienso que…
- Creo / Pienso que sí.
- Creo / Pienso que no.

dulces

tarta o pastel de chocolate

pescado a la plancha

Primer plato:

Segundo plato:

Postre:

5.19 You and your partner have been hired to plan a dinner party for Gael and Liliana. Create a menu that will appeal to both of the celebrities and their guests.

To combine foods, use **con**.
- Arroz con pollo. *Rice with chicken.*

5.20 Take turns asking your partner what foods he/she prefers.
a. ¿Qué comida no te gusta?
b. Cuando tienes mucha hambre, ¿qué prefieres comer?
c. ¿Qué te gusta comer por la tarde después de clase?
d. ¿Cuál es tu postre favorito?

5.21 Read the following conversation in a restaurant between the waiter and his customers. Then match the items ordered to the correct images.

Mesero: Hola, buenas tardes. ¿Qué desean ordenar?
Cliente 1: Yo, una **sopa de verdura** (a) y una **limonada** (b).
Cliente 2: Para mí, un **refresco de naranja** (c).
Mesero: ¿Quiere algo de comer?
Cliente 2: Sí, ¿me puede traer un **sándwich de jamón y queso** (d), por favor?
Mesero: ¿Algo más?
Cliente 2: No, nada más, gracias.
Cliente 1: ¿Nos trae agua, por favor?
Mesero: Tomen, aquí tienen.
Cliente 1: La cuenta, por favor.
Mesero: Sí, son diecisiete dólares.

5.22 Look at the different questions and answers commonly used when ordering in a restaurant. Fill in the blanks with the missing words used in the conversation above.

Mesero	Cliente
– ¿Qué desea/n ....?	– ...., una sopa de verdura.
– ¿Qué quiere/n beber?	– ...., un refresco de naranja.
– ¿Quiere/n algo de ....?	– ¿............... un sándwich de jamón y queso, por favor?
– ¿Quiere/n algo más?	
– ¿...............?	– No, ..., gracias.
	– ¿............... agua, por favor?
	– ...., por favor.

5.23 Listen to the following conversation that takes place at a Mexican restaurant. Then answer the questions.

a. ¿Desean ordenar los clientes?

b. ¿Qué comen?

c. ¿Qué parte del día es?

d. ¿Quién paga?

5.24 Listen again and answer the questions.

a. ¿Qué se pide primero en México, la bebida, la comida o todo junto?

b. ¿Qué verbo utilizan los meseros para hablar de forma general de la bebida y la comida?

c. ¿Qué forma de tratamiento utilizan los meseros y clientes?

d. ¿Estos diálogos son parecidos a los que hay en un bar o restaurante de tu país? ¿Por qué?

e. Fíjate en la imagen. ¿Qué hace el joven? ¿Es normal en tu país este gesto? ¿Cómo se llama la atención del mesero/a?

5.25 Listen to another conversation in the same restaurant and complete the chart with their order.

	Ella	Él
Entrada ▶		
Plato fuerte ▶		
Para beber ▶		
¿Necesita algo? ▶		
De postre ▶		

5.26 With a partner, take turns playing the roles of waiter / waitress and customer. Use the expressions in activity 5.22 and the menu as a guide. Then present your conversation to the class.

LOS DOS PANZONES

୬ Menú del día ୬

Entrada
Ensalada de nopales
Arroz a la mexicana
Frijoles charros
Sopa azteca
Consomé de pollo

Plato fuerte
Bistec a la mexicana
Pollo en salsa verde
Enchiladas rellenas
Chiles rellenos
Pescado a la diabla

Postres
Arroz con leche
Pastel
Flan

PRONUNCIACIÓN

THE SOUNDS OF *R* AND *RR*

In Spanish, the letter **r** has two sounds.

» **Sound /r/** ▶ Sound is equivalent to the English pronunciation of *tt* in **butter** or *dd* in **ladder**. *naranja, mariscos, ahora*

» **Sound /rr/** ▶ Sound is equivalent to someone imitating a motor sound (*brrrrrrrr*). This is known as a trill and occurs in words:
-beginning with the letter **r** ▶ *repetir*
-with an **r** after the letters **n, s, l** ▶ *Enrique; Israel; alrededor*
-written with **rr** ▶ *arroz, aburrido*

5.1 You will hear ten words in Spanish with either the /r/ or /rr/ sounds. Listen carefully and write the number of the word in the appropriate column based on the sound of /r/ you hear in each.

Sound /r/	Sound /rr/

5.2 Fill in the blanks with *r* o *rr* to spell out these words. Then practice saying them aloud to a partner focusing on the correct pronunciation of /r/ and /rr/.

a. favo..........ito   **c.** bo..........ador   **e.** papele..........a   **g.** go..........a   **i.** enfe..........mera

b. mo..........eno   **d.** abu..........ido   **f.** a..........oz   **h.** ma..........ón   **j.** prefe..........imos

Un pelo en mi cena

ANTES DEL VIDEO

5.1 Answer the questions and share your responses with a partner.

a. ¿Conoces algún restaurante español?

b. ¿Conoces el nombre de algún plato típico español?

c. ¿Te gusta la comida española?

5.2 Base your answers to the following questions on what you know and what you think is going to happen in the episode. Use the images and your imagination.

a. ¿Sabes qué es el gazpacho? ¿De dónde es típico?

b. Para hacer una tortilla de patatas, ¿qué ingredientes necesitas?

c. ¿Cómo es la decoración del restaurante? Mira las imágenes 1 y 5.

d. ¿Por qué se ríe Eli (imagen 2)?

e. Mira la imagen 4. ¿Qué problema tiene Lorena con el cuchillo en ese momento?

f. ¿Qué crees que piensa el hombre que aparece en la imagen 3?

g. ¿Qué encuentra Eli en su sopa? Mira la imagen 6.

⚙ **ESTRATEGIA**

Using images to predict content
Before you watch the video, focus on the images and the questions in the pre-viewing activities to help you anticipate what the episode will be about. Knowing what to expect will prepare you for the types of reactions the characters in the video might display.

DURANTE EL VIDEO

5.3 Watch the entire episode and check your answers to Activity 5.2.

5.4 Answer the following questions.

a. ¿Lorena y Eli van al restaurante de día o de noche? ¿Por qué lo sabes?

b. ¿Es caro el restaurante?

c. ¿Tiene Juanjo experiencia como mesero?

d. ¿Qué piensan las muchachas sobre el comportamiento de Juanjo como mesero?

5.5 Juanjo makes mistakes when repeating back the girls' orders. Correct the errors below. Watch the espisode again if necessary.

	Lorena	Eli
De primero	gazpacho ▶	sopa de jamón ▶
De segundo	arroz con verdura ▶	arroz con verdura ▶
Para beber	un refresco de naranja ▶	una limonada ▶

5.6 Indicate whether the following statements refer to Lorena (L), Eli (E) or Juanjo (J).

a. ☐ Es la primera vez que cena en ese restaurante.
b. ☐ Piensa que Juanjo está muy guapo vestido de mesero.
c. ☐ Piensa que Juanjo habla muy alto porque es español.
d. ☐ Explica qué es el gazpacho y la tortilla española.
e. ☐ Dice que el restaurante es bonito.
f. ☐ Le encanta la comida española.
g. ☐ A veces ayuda a su tío en su trabajo.
h. ☐ Le gusta mucho el pollo.

5.7 Answer the questions.

a. Después de ver el episodio, ¿crees que Juanjo es un buen mesero? ¿Por qué?

....

b. Mira la imagen 6. ¿Crees que las muchachas van a volver a ese restaurante otra vez? ¿Por qué?

....

c. Si vas a un restaurante y el mesero actúa como Juanjo, ¿qué haces?

....

5.8 In small groups, list five qualities you think a good waiter or waitress should have.

Las cualidades del buen mesero
....
....

5.9 Take turns sharing your list with the rest of the class and decide which five you all agree are the most important.

5.10  With a partner, prepare a brief conversation between a waiter/waitress and a customer and present it to the class. Afterwards your classmates will guess the type of restaurant you are in.

DESPUÉS DEL VIDEO

GRAMÁTICA

1. *GUSTAR* AND SIMILAR VERBS

» To express likes and dislikes, the verb **gustar** is used in Spanish. The verb endings for **gustar** always agree with what is liked. The indirect object pronouns always precede the verb forms.

Optional (Used to show emphasis)	Indirect object pronoun	Verb forms	What is liked
A mí	me		
A ti	te	gusta	la leche, cantar (singular)
A usted/él/ella	le		
A nosotros/as	nos	gustan	los videojuegos (plural)
A vosotros/as	os		
A ustedes/ellos/ellas	les		

Nos gusta salir a cenar. We like to go out for dinner.
No **me gusta** la carne. I don't like meat.
¿**Te gustan** las palomitas? Do you like popcorn?

» The verb **encantar** is used to talk about things you really like or love.
Me encantan los conciertos en directo. I love live concerts.

» The expressions **a mí, a ti, a él**... are optional. They are used to show emphasis.
¿Te gusta el helado? **A mí** me encanta. Do you like ice cream? I love it. (I really do.)

5.1

Describe one thing in each of the categories below that you and your friends like and one thing you don't like. Share your preferences with a partner.

(Modelo:) clases ▶ A nosotros nos gusta la clase de español. / No nos gusta la clase de física.

a. deportes   **c.** programas de televisión
b. música   **d.** comida

5.2

List three activities you like to do. Then ask your partner if he/she likes to do the things you listed. Take turns asking and answering to see how many things you have in common.

(Modelo:) E1: ¿Te gusta la natación?

Sí, me gusta mucho.

No, no me gusta.

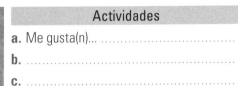

Actividades
a. Me gusta(n)... ....
b. ....
c. ....

5.3

Conduct a class survey to find out which foods your classmates like most *(más)* and which ones they like least *(menos)*. Interview at least five students. Complete the chart with the information you gathered and report back to the class.

(Modelo:) ¿Qué alimentos te gustan más/menos?

Tabla de contenidos
Alimentos que gustan más: *A mis compañeros les gustan más...*
Alimentos que gustan menos:

2. USING *TAMBIÉN* AND *TAMPOCO* TO AGREE AND DISAGREE

AGREEMENT (Same tastes/preferences)	DISAGREEMENT (Different tastes/preferences)

Me gustan los gatos. **A mí, también.**   No me gusta el café. **A mí, tampoco.**   Me gusta el fútbol. **A mí, no.**   No me gustan las verduras. **A mí, sí.**

Sí   Sí   No   No   Sí   No   No   Sí

» Use **también** when agreeing with an affirmative statement.

» Use **tampoco** when agreeing with a negative statement.

» To show that you don't agree with an affirmative statement, use **a mí, no**.

» To show that you don't agree with a negative statement, use **a mí, sí**.

5.4 Complete the conversations with *también* or *tampoco*. Use the icons to help you choose. Then practice the conversations aloud with a partner.

a. ● ¿Te gusta hacer deporte?
   ● Me encanta. ¿Y a ti?
   ● A mí, ...

b. ● ¿Te gustan los videojuegos?
   ● No. ¿Y a ti?
   ● A mí, ...

c. ● ¿Te gusta la música?
   ● Sí. ¿Y a ti?
   ● A mí, ...

5.5 Listen to a radio broadcast reporting on the latest survey about university students and the free time activities they like to do most and least. Complete the chart with the activities you hear.

		Porcentaje
a.	Ir a conciertos de música moderna.	74%
b.		
c.		
d.		
e.		
f.		
g.		
h.		
i.	Escuchar la radio para informarse.	

5.6 Listen again and indicate the percentages for each activity in 5.5.

5.7 Arrange the results in order of preference from the most to the least. Share your statistics with a partner and take turns saying whether you have similar or different preferences. What conclusions can you draw?

Modelo: 1. A los jóvenes les encanta ir a conciertos de música moderna. ¿Y a ti?
. . .
9. No les gusta nada escuchar la radio para informarse. ¿Y a ti?

Use the following to express degrees of intensity:

- mucho
- bastante *(well enough)*
- no… demasiado *(not much)*
- no… nada *(not at all)*

3. VERB *DOLER* AND PARTS OF THE BODY

» The verb **doler** is an **o>ue** stem-changing verb that is used to describe aches and pains. It follows the same patterns as **gustar**.

Me duele el estómago. *My stomach hurts.*   A María **le duelen** los pies. *Maria's feet hurt.*

DOLER (o>ue) *to hurt, ache*		
A mí	me	
A ti	te	**duele** el estómago
A usted/él/ella	le	
A nosotros/as	nos	
A vosotros/as	os	**duelen** los pies
A ustedes/ellos/ellas	les	

» Another way to describe what hurts you is with the expression **tener dolor de** + body part.
Tengo dolor de cabeza. *I have a headache.*

5.8   Look at the image to learn the words in Spanish for parts of the body. Then complete the sentences with *doler* and the corresponding body part.

d. los pies
f. la pierna
la espalda
el dedo
a. la rodilla
b. el estómago
el pecho
c. el brazo
e. la cabeza
el cuello
la mano

a. (A mí) .....Me duele la rodilla.....
b. (A nosotros) ....
c. (A ti) ....
d. (A él) ....
e. (A ellos) ....
f. (A ustedes) ....

5.9   With a partner, say what body parts you would use to do the following activities. Each of you should mention a different body part.

(Modelo:) E1: Para esquiar, uso las piernas.
           E2: Y los brazos.
           E1: Y...

a. para bailar   **c.** para hacer yoga
b. para montar en bici   **d.** para jugar al básquetbol

5.10 Look at the patients waiting to see the doctor. Match their symptoms to what ails them.

a. Tiene fiebre. **b.** Está estresada. **c.** Está cansado. **d.** Tiene tos. **e.** Tiene gripe.

1. ☐ Le duelen el cuello y la espalda y no duerme bien.
2. ☐ Le duele el pecho cuando tose mucho.
3. ☐ Le duele la cabeza y tiene 102 °F.
4. ☐ Le duele todo el cuerpo y necesita tomar muchos líquidos.
5. ☐ Tiene dolor de cabeza y está muy nerviosa.

5.11 Match the doctor's questions and comments to the patient's responses. Then arrange the conversation in the appropriate order and practice taking parts with a partner. Remember to conjugate the verbs as needed.

> **Modelo:** Doctor: Buenos días, señor López.
> Paciente: Buenos días, doctor.
> . . .

1. Buenos días, señor López.
2. Dígame, ¿qué le ocurre?
3. Necesito ponerle el termómetro para ver si (tener) .... fiebre. ¿(Doler, a usted) .... la cabeza?
4. ¿(Tomar) .... medicamentos habitualmente?
5. Bueno... (Tener) .... un poco de fiebre y algo de congestión en el pecho. Creo que (tener) .... gripe.
6. Sí, (tener) .... que tomar un antibiótico cada ocho horas para la tos y la congestión.

a. ¿(Tener) .... que tomar algún medicamento?
b. Buenos días, doctor.
c. Muchas gracias, doctor.
d. (Tomar) .... una aspirina algunas veces.
e. (Estar) .... muy cansado y (tener) .... tos.
f. Sí, y también (doler) .... el pecho.

5.12 With a partner, describe how the following people are feeling. Use the verbs *estar* and *doler*, parts of the body, and expressions with *tener* to complete your description. Then present your versions to the class.

> **Modelo:** A Estela le duele todo el cuerpo. Está cansada y tiene sueño. No puede trabajar. Tiene que tomar té.

Expressions with **tener**:
- tener hambre
- tener sed
- tener calor
- tener sueño
- tener frío
- tener que + infinitive

Estela Anita Esteban Rosa

VIDEOCLASES
9 Y 10

DESTREZAS

1. COMPRENSIÓN DE LECTURA

__5.1__   Read the introduction to the e-mail and list five activities you might suggest if you were writing to Marta.

1. ....   2. ....   3. ....   4. ....   5. ....

__5.2__   Read the text, and answer the questions below with *sí* o *no* according to the reading.

⚙ ESTRATEGIA

Making inferences about personality and attitude
When reading a personal message between friends, use the introduction for context and useful clues about the writer and his/her views. What does the introduction convey to you about the main characters? How would you describe each of them based on the introduction alone? And after reading the entire passage?

Las recomendaciones de Mónica

Todos los viernes Marta le manda un correo a su amiga Mónica para hablar sobre el fin de semana. Marta nunca sabe *(never knows)* qué quiere hacer y Mónica siempre tiene buenas ideas. Este es un resumen de las últimas recomendaciones de Mónica a su amiga.

Asunto: Recomendaciones

De: Mónica   Para: Marta

Hola, Marta, pienso que estás contenta porque es viernes y este fin de semana hay muchísimas cosas que puedes hacer. Por ejemplo, si quieres ver una película en el cine, hay tres opciones interesantes: una comedia española con Penélope Cruz, un drama argentino y una película de animación. Por cierto, tengo una novela de un escritor venezolano. Si tienes tiempo, puedes leer la novela este fin de semana, está muy bien. Otra opción es comer en un restaurante. Yo te recomiendo un restaurante mexicano que tiene una comida muy buena y es bastante barato *(inexpensive)*. Lo mejor son los tamales y los tacos al pastor, ¡me encantan los tacos! Además, puedes escuchar rancheras, que son las canciones típicas de México. Si quieres hacer deporte, podemos montar juntas en bici el domingo. Yo tengo una bici nueva. Es el regalo *(gift)* de mis padres por mi cumpleaños. Por último, ¿te gusta cantar? Es que tengo un karaoke en casa y el domingo puedes venir a cantar con mi hermana y conmigo. ¿Te imaginas? Puede ser muy divertido. Además, mi padre todos los domingos hace asado, entonces puedes almorzar con nosotros también.

	Sí	No
a. ¿El padre de Mónica hace asado los sábados?	☐	☐
b. ¿A Mónica le gustan los tacos?	☐	☐
c. ¿La bici de Mónica es nueva?	☐	☐
d. ¿Mónica tiene una hermana?	☐	☐
e La novela que tiene Mónica, ¿es de un escritor mexicano?	☐	☐
f. ¿Las rancheras son mexicanas?	☐	☐

__5.3__   With a partner, compare the activities you each suggested in Activity 5.1 with the ones Mónica recommended. Which of you had the most in common with Mónica? What adjectives would you use to describe Mónica? Exchange impressions with your partner. Do you both agree?

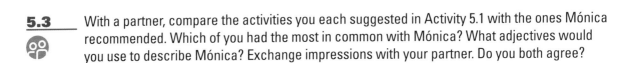

5.4 ____ Read Marta's response to Monica's suggestions and check the ones Marta likes.

● ● ●	Asunto: Re: Recomendaciones
De: Marta	Para: Mónica

Muchas gracias por tus recomendaciones, Mónica.
Me encanta el cine argentino, entonces la película argentina que me recomiendas es una buena opción. Para la novela no tengo tiempo este fin de semana, pero gracias. Y otra cosa, no me gusta nada la comida mexicana. No puedo montar en bici porque me duele mucho la pierna; pero lo del karaoke sí, me gusta muchísimo cantar. Además, el asado es mi comida favorita.

a. ☐ ver la película argentina   c. ☐ leer la novela   e. ☐ comer comida mexicana
b. ☐ montar en bici   d. ☐ cantar con el karaoke   f. ☐ comer asado

2. EXPRESIÓN ESCRITA

5.5 ____ Make some recommendations to your classmates about what to do this weekend. Then exchange papers with another classmate.

⚙ **ESTRATEGIA**

Using supporting examples

When preparing a persuasive argument, you should provide examples to state your position. Making a list of your arguments either in support of or in opposition to a suggestion will help you make a strong case.

> Hola, compañeros. Estas son mis recomendaciones para el fin de semana…

5.6 ____ Which suggestions do you like best? Why? Respond to the recommendations you received.

> Muchas gracias por tus recomendaciones…

3. INTERACCIÓN ORAL

5.7 ____ Prepare a talk to present to the class about your tastes and preferences relating to different foods. Talk about the following topics.

⚙ **ESTRATEGIA**

Using models

It helps to go back and review models that prepare you for a task like this one. Prepare and practice examples with *gustar* and verbs like *gustar*. Reread the section about meals and parts of the day.

Hábitos alimenticios en tu familia		
Gustos y preferencias	Tú y la comida	Las costumbres horarias

Café de Nicaragua y Guatemala

TRADICIONES GASTRONÓMICAS

Una cocinera prepara pupusas en El Salvador.

¿QUÉ COMEMOS?

«Barriga llena, corazón contento», dice un conocido refrán en español. En Latinoamérica, la comida no solamente es sustento*: es tradición, comunicación e identidad. Te invitamos a la mesa de México, El Salvador, Guatemala, Nicaragua, Costa Rica...

DENOMINACIÓN DE ORIGEN

La denominación de origen es una forma de relacionar un producto con la región donde se crea. Es una indicación de calidad y una garantía* de que el producto es único.

Estos son algunos de los productos latinoamericanos con denominación de origen:

- Vainilla de Papantla, quesos de Oaxaca y tequila de Jalisco (México).
- Café Antigua (Guatemala).
- Quinua Real (Bolivia).
- Cacao de Chuao (Venezuela).

COCINA Y EMOCIONES

«En mi familia hay una gran tradición culinaria. Y, para mí, la cocina es un lugar donde pasan muchísimas cosas», dice la escritora mexicana Laura Esquivel.

Cacao y otros ingredientes de la cocina mexicana

Las recetas* y la cocina son protagonistas en *Como agua para chocolate*, la novela más famosa de la autora. Allí, Tita, una joven enamorada pero tímida, expresa sus sentimientos exclusivamente a través de los platos que prepara.
La novela y la película que se hizo basándose en ella, son un ejemplo de la conexión entre comida y emociones en Latinoamérica.

¿Hay conexión entre la comida y las emociones en tu país o región? Por ejemplo, ¿qué tipo de plato se prepara para celebrar fiestas en familia, como el Día de Acción de Gracias, los cumpleaños o la Navidad?

RESTAURANTES INFORMALES Y PLATOS TÍPICOS

Comer en la calle es una costumbre* muy extendida en Latinoamérica. Hay varios tipos de negocios donde se vende comida en la calle, como mercados, puestos* informales o carritos de comida*.

Según un estudio reciente de la consultora McCann, al menos la mitad de los habitantes de Argentina, Puerto Rico, México, Guatemala y Chile come en la calle más de una vez a la semana.

Muchos platos típicos latinoamericanos son ideales para comer de paso*, como por ejemplo las tortillas rellenas con queso o carne. En Honduras se llaman «baleadas», «pupusas» en El Salvador y «gorditas» en México, y hay una versión similar llamada «empanada» en Argentina, Chile y otros países.

Otros, en cambio, se saborean* mejor en la mesa y con más tiempo. Por ejemplo, el gallo pinto, un plato a base de arroz y frijoles típico de Costa Rica y Nicaragua, o el kak ik, un tradicional guiso* guatemalteco de pavo.

Carrito de comida mexicana

> Y en tu país o región, ¿es habitual comer en la calle? ¿Qué tipo de negocios venden comida en la calle y qué platos ofrecen?

¿YA HAS PROBADO...

...la banana roja? Es una variedad de fruta tropical muy apreciada en Centroamérica. La piel de estas bananas es roja o marrón, y su interior es rosado. Se come en pasteles, frita o tostada.

...los chapulines? Es una especialidad mexicana que consiste en saltamontes* tostados. Se comen con ajo*, lima y sal.

...la horchata? Es una bebida fresca que se prepara en muchos países latinoamericanos, a base de arroz, agua, canela y vainilla.

> ¿Cuál de estas especialidades te gustaría probar y por qué?

ANSWER THE FOLLOWING QUESTIONS

a ¿Qué aspectos de la cocina o la comida están relacionados con la identidad estadounidense?

b Investiga: ¿qué productos gastronómicos de tu país tienen denominación de origen? ¿Qué productos no la tienen pero deberían tenerla, en tu opinión?

c ¿Qué plato estadounidense es delicioso para ti, pero piensas que es un poco raro para los extranjeros?

d Investiga alguno de los platos mencionados, busca una receta fácil y prepárala para la clase.

Bananas rojas de Costa Rica

GLOSARIO

el ajo – garlic	
de paso – in passing	
el carrito de comida – food truck	
la costumbre – habit	
la garantía – guarantee	
el guiso – stew	
el puesto – stall, stand	
el saltamonte – grasshopper	
la receta – recipe	
se saborean – are tasted	
el sustento – sustenance	

Fuentes: UNESCO, BBC Mundo, McCann, *El País*.

VOCE ATINAS
Mi comida preferida

EN RESUMEN

¿QUÉ HAS APRENDIDO?

Situación

Visita a una familia venezolana

You have accepted your roommate's invitation to spend a long weekend with his/her family. The family is from Venezuela and only speaks Spanish.

LEARNING OUTCOMES

ACTION

Talk about what you do in your free time

5.1 Your host family wants to get to know you better. Explain to them what you usually do in your free time. Describe your hobbies, your favorite activities and sports and ask them about theirs. Take turns playing both roles with a partner.

Describe likes and dislikes

Express agreement and disagreement

5.2 Your host mother is preparing dinner and wants to know about the foods you like and don't like much. First tell her about your preferences and then respond to her questions about specific foods. Take turns playing both roles with a partner. Be sure to agree and disagree with each other's preferences.

Describe how you are feeling

5.3 You just received an e-mail from your parents; they ask you about your stay. Write an e-mail to your parents and explain to them how you are feeling and why.

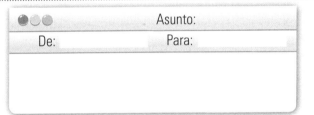

Order in a restaurant

5.4 On the last night you decide to invite the family to eat at a local Venezuelan restaurant. You want to show them how much you have learned about their culture. You insist on speaking only Spanish to the waiter and ordering in Spanish. With a partner, take turns playing the role of the waiter. Order from the following menu.

Restaurante Santa Ana de Coro		
Entradas	**Platos fuertes**	
Tequeños .... 11,20 $	Pabellón criollo .... 14,50 $	
Chupe de gallina .... 8,60 $	Patacón relleno con carne .... 11,60 $	
Ensalada de palmitos .... 9,50 $	Asado negro .... 12,60 $	
Empanadas fritas .... 10,80 $		
Arepitas .... 12,30 $	**Postres**	
Cachapas .... 8,50 $	Tapioca con coco y maracuyá .... 6,40 $	
	Quesillo .... 5,90 $	

Explain what part of the body hurts

5.5 Your visit is over and you are home. Unfortunately you are not feeling well. Tell the doctor what hurts and why you think that it does. With a partner, take turns playing the role of the doctor.

LISTA DE VOCABULARIO

Actividades de ocio y tiempo libre
Free time activities

chatear con amigos to chat (online) with friends
hacer ciclismo to bike
hacer esquí to ski
hacer fotos to take pictures
hacer judo to practice judo
hacer natación to practice swimming
hacer yoga to practice yoga
ir de compras to go shopping
jugar a los bolos to bowl, go bowling
jugar a los videojuegos to play videogames
montar en bici to ride a bike
navegar por el mar to sail
navegar por Internet to go on the Internet
tomar el sol to sunbathe
tomar tapas to eat tapas (small dishes of food)
ver un concierto to go to a concert
ver una exposición to go to an exhibit
ver una película to see a movie

Estados de ánimo
Moods and feelings

alegre happy
contento/a cheerful
de buen humor in a good mood
de mal humor in a bad mood
nervioso/a nervous
preocupado/a worried
tranquilo/a quiet, calm
triste sad

Alimentos Foods

el arroz rice
la carne meat
las cebollas onions
los dulces candies, sweets
los frijoles beans
la hamburguesa hamburger
el helado ice cream
los huevos eggs
la leche milk
la limonada lemonade
las manzanas apples
el marisco shellfish, seafood
las naranjas oranges
las palomitas popcorn
las papas fritas french fries
las papitas fritas potato chips
la sopa de verdura vegetable soup
el pescado fish
los pimientos peppers
el pollo chicken
el postre dessert
el queso cheese
la tarta de chocolate chocolate cake
los tomates tomatoes
las verduras vegetables
el yogur yogurt
las zanahorias carrots

Verbos Verbs

doler (o>ue) to hurt
encantar to love
gustar to like

Partes del cuerpo Parts of the body

el brazo arm
la cabeza head
el cuello neck
el dedo finger
la espalda back
el estómago stomach
la mano hand
el pecho chest
el pie foot
la pierna leg
la rodilla knee

Palabras y expresiones útiles
Useful words and expressions

A mí, también. Me too.
A mí, tampoco. Me neither.
bastante well enough
muchísimo very much, a lot
no… demasiado not much
no… nada not at all

6

VAMOS DE VIAJE

¿A qué hora sale el autobús?

- Fíjate en los muchachos de la imagen principal. ¿Qué llevan en la espalda? ¿Qué hacen? ¿Por qué?
- ¿Te gusta viajar a otros países?
- ¿Te gusta explorar las ciudades?
- ¿Qué ciudades quieres visitar?

LEARNING OUTCOMES

By the end of this unit, you will be able to:

- Get around in a city
- Ask for and give directions
- Describe where things are located
- Talk about means of transportation

El transporte en la ciudad

6.1 Observa las imágenes y elige la opción correcta.

1. Las imágenes muestran una conversación entre...

a. un turista y un policía.

b. un médico y su paciente.

c. dos amigos.

2. En la primera imagen, el muchacho de la derecha tiene en las manos...

a. una guía.

b. un diario.

c. un mapa.

3. Parece que él está...

a. de buen humor.

b. triste.

c. preocupado.

4. En la segunda imagen, uno de los muchachos...

a. tiene que viajar.

b. tiene que hacer deporte.

c. tiene que ir de compras.

5. ¿Dónde crees que va?

a. De vacaciones.

b. Al gimnasio.

c. A casa.

6. ¿Cómo crees que es el muchacho de la izquierda?

a. Es antipático porque no quiere ayudar al muchacho.

b. Es vago y no escucha al muchacho.

c. Es amable porque ayuda a su amigo.

6.2 Escucha la siguiente conversación e indica si la frase se refiere a Óscar, a Paco o a la estación de autobuses.

Paco: ¿Qué buscas, Óscar?
Óscar: Ah, necesito tu ayuda. Voy a la estación de autobuses. ¿Está **cerca de** la universidad?
Paco: Bueno, depende. A estas horas es mejor ir en metro para evitar todo el tráfico en la ciudad.
Óscar: ¿Cómo voy desde aquí?
Paco: Mira, estamos en Ciudad Universitaria, **delante de** la universidad hay una estación de metro. Toma la línea 3 hasta Balderas. En Balderas haces transbordo a la línea 1 hasta Observatorio. Son unas siete paradas.

La estación de autobuses está justo **al lado de** la estación de metro.
Óscar: ¡Ándale! Está **lejos de** aquí. Bueno, ¿y sabes cuánto cuesta el boleto?
Paco: Tres pesos, pero es mejor comprar una tarjeta electrónica. Cuesta diez pesos y luego la puedes recargar muchas veces.
Óscar: Está bien. ¿Y dónde la puedo comprar?
Paco: En las taquillas del metro.
Óscar: Ah, ya... Muchas gracias. Hasta luego.
Paco: No hay de qué, Óscar. Buen viaje... Un momentito, ¿dónde vas, muchacho?

Óscar	Paco	Estación de metro

a. Conoce muy bien la ciudad.

b. Piensa que hay mucho tráfico ahora.

c. Quiere comprar una tarjeta electrónica.

d. Está al lado de la estación de autobuses.

e. Sale de viaje.

f. Piensa que la estación de autobuses está lejos.

g. Está cerca de la universidad.

h. Sabe el precio del boleto.

6.3 ¿Dónde está Óscar? Fíjate en la situación de Óscar con respecto al edificio de la universidad y relaciona las frases y las imágenes.

1. ☐ cerca de la universidad   3. ☐ lejos de la universidad
2. ☐ delante de la universidad   4. ☐ al lado de la universidad

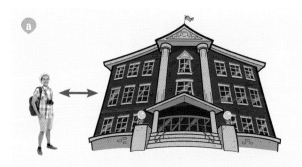

6.4   Contesta las preguntas. Después, habla con tu compañero/a sobre el campus de tu universidad. ¿Quién conoce mejor el campus?

a. ¿Vives cerca o lejos de la universidad?
b. ¿Qué edificio está al lado de la biblioteca?
c. ¿Qué edificio está más lejos para ti? ¿Qué estudias o haces allí?
d. ¿Qué hay delante de la universidad?
e. ¿Necesitas un mapa para encontrar los edificios y las clases?
f. ¿Tomas el autobús para moverte por el campus?

📋 APUNTES: El transporte público en México

✓ La mayoría de los mexicanos usa el transporte público.

✓ El transporte colectivo en la Ciudad de México es bastante económico. Los menores de 5 años y los mayores de 60 viajan gratis.

✓ Desde el año 2010 existe el Eco Bus, un transporte menos contaminante.

✓ Algunos autobuses y vagones de metro son exclusivos para mujeres.

✓ Para transportarse dentro de las ciudades o entre los diferentes lugares de México, se usa más el servicio de autobuses.

✓ Solo hay trenes para pasajeros en tres rutas turísticas.

1.A VOCABULARIO: LOS MEDIOS DE TRANSPORTE

autobús = el camión (México), el colectivo (Argentina), la guagua (Caribe), la chivita (Colombia)

metro = el subterráneo = el subte (Argentina)

6.1 🎧 50

Relaciona los medios de transporte con su palabra en español. Después, escucha el audio para comprobar tus respuestas.

a. el tren   **d.** el autobús   **g.** el avión

b. el taxi   **e.** la moto   **h** el metro

c. el barco   **f.** a pie   **i.** la bicicleta (la bici)

Fíjate:

 Estación de metro / tren

Parada de autobús

6.2 👥

Indica qué tipo de transporte prefieres tomar en las siguientes situaciones. Después, comparte las respuestas con tu compañero/a.

Modelo: para ir de tu casa a casa de un amigo ▶ Prefiero ir a pie.

a. para ir a la universidad   **d.** para visitar a la familia

b. para viajar por el Caribe   **e.** para viajar por la ciudad

c. para ir de vacaciones   **f.** para ir de una ciudad a otra

Use **ir en** with transportation to press *to go by*.

6.3 Lee el siguiente blog de una web de viajes de Puerto Rico y completa los espacios en blanco con el medio de transporte adecuado de la lista.

un barco • un carro • a pie • avión • metro • un taxi • el autobús

www.puertoricodelencanto.com

✈ *Puerto Rico*

¡Hola y bienvenidos a mi blog de Puerto Rico, la isla del encanto! Está más cerca de lo que piensas. Mira, sales de tu ciudad en (a) .... y llegas al aeropuerto de San Juan en poco tiempo. Después tomas (b) .... para ir al Hotel Paraíso. El hotel está cerca de la playa, puedes ir (c) .... todos los días, no necesitas carro. Para conocer el Viejo San Juan, tomas (d) .... que sale del hotel. En el Viejo San Juan no hay (e) ...., pero no es necesario porque el centro no es muy grande. Recomiendo

Calle en el Viejo San Juan

visitar las cavernas de Camuy. Es muy popular alquilar *(rent)* (f) .... para ir hasta allí. Si quieres conocer la Isla de Culebra, toma (g) .... pequeño desde Fajardo. El viaje es de solo cuarenta y cinco minutos y el mar es muy bonito. ¡Que pasen buenas vacaciones!

6.4 Estos son algunos adjetivos para describir los medios de transporte. Relaciona cada adjetivo con su definición. Después, compara con tu compañero/a.

1. rápido/a
2. caro/a
3. lento/a
4. barato/a
5. seguro/a
6. práctico/a
7. peligroso/a
8. cómodo/a
9. contaminante
10. ecológico/a

a. que es limpio y no contamina
b. que tarda *(takes)* poco tiempo
c. que produce polución
d. que tarda mucho tiempo
e. que tiene riesgo *(risk)*
f. que es confortable
g. que no tiene riesgo
h. que es útil
i. que cuesta poco dinero
j. que cuesta mucho dinero

6.5 Clasifica cada uno de los adjetivos de la actividad anterior como positivo o negativo en relación con el transporte.

Positivos	Negativos

6.6 Describe los siguientes medios de transporte según tu clasificación de la actividad 6.5. Después, intercambia tus opiniones con un/a compañero/a. ¿Están de acuerdo?

a. Para mí, el carro es… ....
b. Para mí, el avión es… ....
c. Para mí, el tren es… ....
d. Para mí, el metro es… ....
e. Para mí, el barco es… ....
f. Para mí, la moto es… ....

♻ ....
To compare and contrast opinions, use:
- ¿Y para ti?
- Para mí, también.
- Para mí, no.

6.7 Piensa en el futuro del planeta y nuestras responsabilidades. ¿Qué tenemos que hacer, con respecto al transporte, para ser más responsables? Discútelo con tus compañeros y prepara una lista de ideas para presentar a la clase.

Hay	**Está/Están**
» Use **hay** to talk and ask about the existence of people or things.	» Use **está** / **están** to talk or ask about where someone or something is located.
*En mi clase **hay** una pizarra.* In my class, there is a blackboard.	*La pizarra **está** detrás de la mesa.* The blackboard is behind the desk.
*También **hay** muchos libros.* There are many books too.	*Los libros **están** en la estantería.* The books are in the bookshelf.

Formal	**Informal**

Para pedir información

Perdone / Oiga (usted), ¿**dónde hay** un parque?	**Perdona / Oye**, ¿dónde hay un parque?
¿**Sabe** (usted) **dónde está** la biblioteca?	¿**Sabes** dónde está la biblioteca?

Para responder

Sí, claro / Pues, mire…	Sí, claro / Pues, **mira**…
	(No), **No lo sé**, lo siento.

__6.8__ Lee el siguiente artículo sobre Santiago de Chile y subraya todos los *hay / está* que aparecen en el texto.

Santiago de Chile

La capital de Chile está en el centro del país, entre la cordillera de los Andes y el océano Pacífico; es una de las ciudades más recomendadas para hacer turismo. Santiago tiene más de cinco millones de habitantes.

El lugar turístico más visitado es la Plaza de Armas; está en el centro de la ciudad y en ella hay muchos edificios conocidos, como la Catedral Metropolitana. Otro monumento nacional muy famoso es el Palacio de la Moneda, residencia del presidente de la República de Chile.

Los museos más visitados son el Museo Histórico Nacional y el Museo de Bellas Artes.

Santiago no tiene mar, pero sí un río que se llama Mapocho y que cruza toda la ciudad. También hay un parque natural, el Cerro Santa Lucía, una pequeña montaña situada en el centro de la ciudad.

Plaza de Armas

To give directions, use:
(⬆) Sigue/Siga todo recto.
(➡) Gira/Gire a la derecha.
(⬅) Gira/Gire a la izquierda.

__6.9__ (51) Escucha la conversación y señala en el mapa el trayecto que necesita hacer Antonio para llegar al Cerro Santa Lucía.

2.A VOCABULARIO: ESTABLECIMIENTOS DE LA CIUDAD

6.10 Estos son algunos de los lugares que normalmente encuentras en una ciudad. Escucha y
(52) escribe los que faltan. Son cognados.

el ....

el ....

la farmacia

el ....

Fíjate
Note that many of the words for places in Spanish are cognates, except for one. Which word from the list is a false cognate?

la zapatería

la librería

el ....

el ....

Fíjate
What ending or suffix is common to many of the names for stores in Spanish?
Combine the suffix with the noun to form the name of the store.

A store can also be identified by what it sells:
-la tienda de ropa
-la tienda de muebles

la ....

el centro comercial

el gimnasio

el ....

el ....

la cafetería / el ....

el ....

la panadería / la pastelería

6.11 Por turnos, pregunta a tu compañero/a dónde tienes que ir:

a. para ver una exposición

b. para comprar medicamentos

c. para comprar diferentes cosas

d. para hacer deporte

e. si estás enfermo/a

f. para comprar zapatos

g. Otros: ....

Modelo: E1: ¿Dónde hay que ir para ver una exposición?
E2: A un museo.

Para expresar ubicación...

>> To describe where people or objects are located, use:

delante de *in front of*	encima de *on top of*	al lado de *next to*
detrás de *behind*	debajo de *under, below*	dentro de *inside*
cerca de *close to, near*	a la izquierda de *to the left of*	entre... y... *between... and...*
lejos de *far from*	a la derecha de *to the right of*	

6.12 Escucha y ordena las imágenes según se mencionan en el audio.

 53

¿Dónde está el perro?

In Spanish the article **el** contracts with **de** to form **del** and with **a** to form **al**.

- La tienda de ropa está **al** lado **del** supermercado.

6.13 Ahora, mira otra vez las imágenes y completa. Sigue el modelo.

Imagen a: El perro está a la izquierda del televisor.

Imagen b: ....

Imagen c: ....

Imagen d: ....

Imagen e: ....

Imagen f: ....

Imagen g: ....

Imagen h: ....

Imagen i: ....

Imagen j: ....

Imagen k: ....

6.14 Umberto, un muchacho venezolano que vive en Caracas, explica cómo es su barrio *(neighborhood)*. Mira el plano y completa los espacios en blanco con expresiones de ubicación y establecimientos. Después, escucha y comprueba tus respuestas.

HOSPITAL

BANCO

HOTEL

CENTRO COMERCIAL

BIBLIOTECA

GIMNASIO

MUSEO

PANADERÍA

FARMACIA

TIENDA DE ROPA

CAFETERÍA

¡Tengo un barrio genial! Vivo en el centro de Caracas. Mi casa está (a) .... la cafetería, en el tercer piso. En mi barrio hay de todo. Enfrente de mi casa hay un (b) .... de arte abstracto, una (c) .... y una tienda de ropa. La tienda de ropa está (d) .... el centro comercial (e) .... el museo. (f) .... mi casa hay un (g) .... al que voy cuando estoy enfermo. Cerca de mi casa hay una panadería y al otro lado de la calle está el (h) .... en el que hago ejercicio tres veces por semana. (i) .... gimnasio hay una farmacia. Cuando mis amigos vienen a visitarme, se alojan en un (j) .... que está al final de la calle. (k) .... hotel está uno de los bancos más grandes de Caracas. Lo único malo es que no hay ningún parque cerca, pero, como digo, es un barrio fantástico. Todo lo que necesito está muy cerca.

6.15 Almudena vive en una pequeña ciudad española. Escucha y ordena las imágenes, según se mencionan en el audio.

6.16 Imagina que este es tu barrio. Elige dónde vives y coloca estos establecimientos en el plano.

a. una cafetería

b. un hospital

c. un gimnasio

d. una farmacia

e. un centro comercial

f. un hotel

g. un banco

h. otro establecimiento de tu interés ....

6.17 Por turnos, dile a tu compañero/a dónde están situados los establecimientos de tu barrio de la actividad anterior. Él/ella debe señalarlos correctamente.

6.18 Vuelve a leer y escuchar los textos de Umberto y Almudena y anota las ventajas *(advantages)* y desventajas *(disadvantages)* que tiene vivir en dos ciudades tan diferentes.

Vivir en una gran ciudad		Vivir en una ciudad pequeña	
Ventajas	Inconvenientes	Ventajas	Inconvenientes

6.19 En grupos de cuatro, comparen sus anotaciones anteriores y digan dónde prefieren vivir. ¿Están de acuerdo?

6.20 ¿Qué características tiene su barrio ideal? ¿Dónde debe estar situado? ¿Qué establecimientos y lugares debe tener? Sigan las instrucciones para hacer el cartel del barrio ideal.

a. En grupos de cuatro, elaboren una lista con siete características. Tomen nota.

b. Compartan sus ideas con la clase y elaboren una única lista en la pizarra.

c. Formen siete pequeños grupos. Cada uno se encarga de una característica anotada en la pizarra. Tienen que buscar imágenes para el cartel.

d. Pongan en común sus imágenes y elaboren el cartel.

PRONUNCIACIÓN

THE SOUNDS OF *G, GU* AND *J*

6.1 Escucha y repite.

ge ▶ **ge**nte	ja ▶ **ja**món	ga ▶ **ga**to	gui ▶ **gui**tarra
gi ▶ **gi**rar	jo ▶ **jo**ven	go ▶ **go**rdo	gue ▶ Mi**gue**l
	ju ▶ **ju**eves	gu ▶ **gu**apo	

6.2 Por turnos, pronuncien las siguientes palabras. Después, escuchen para comprobar su pronunciación.

gamba	agosto
jubilarse	guisante
ajo	guerra
girar	general
jabalí	girasol
agua	página

6.3 Completa los espacios en blanco con *g* o *j*. Después, repite las palabras en voz alta para practicar tu pronunciación.

a. ca.........ón

b. o.........o

c. má.........ico

d. ....untos

e. traba.........o

f. ima.........en

6.4 Completa los espacios en blanco con *g* o *gu*. Después, repite las palabras en voz alta para practicar su pronunciación.

a. ....ato

b. ....orra

c. hambur.........esa

d. ....afas

e. ....azpacho

f. se.........ir

¡EN VIVO!
Episodio 6

Un barrio interesante

ANTES DEL VIDEO

6.1 Observa las imágenes. Habla con tu compañero/a sobre el tipo de ciudad donde viven Lorena y Eli. ¿Cómo es? Basa tus respuestas en lo que crees que puede ocurrir. Usa tu imaginación.

6.2 Vuelve a mirar la imagen 1 y escribe al menos siete objetos o lugares que aparecen.

6.3 Mira una vez el episodio y marca los elementos que aparecen en la conversación entre Lorena y Eli. Compara con tu compañero/a. ¿Coinciden?

☐ estación de tren   ☐ fuente   ☐ tienda de ropa   ☐ supermercado

☐ banco   ☐ librería   ☐ parada de bus   ☐ estación de metro

☐ cine   ☐ farmacia   ☐ estatua   ☐ centro comercial

☐ iglesia   ☐ papelería   ☐ museo   ☐ parque

☐ gimnasio   ☐ zapatería   ☐ restaurante   ☐ biblioteca

⚙ ESTRATEGIA

Retaining information
When you listen to a video or conversation in Spanish, it is normal not to understand every word, but you should listen and watch for overall understanding. Pay special attention to the important words that provide context to the scene.

DURANTE EL VIDEO

6.4 [02:25 - 04:18] Para ir de una parte a otra en una ciudad puedes usar diferentes medios de transporte. Completa los siguientes con la preposición correspondiente. ¿Qué medios de transporte aparecen en este segmento del video?

a. andar/montar .... bicicleta   **d.** montar .... metro   **g.** ir .... avión

b. ir .... pie   **e.** viajar .... tren   **h.** viajar .... barco

c. viajar .... autobús   **f.** montar .... caballo   **i.** ir .... tranvía

6.5 Vuelve a mirar el segmento anterior y elige la opción correcta.

a. Para ir al gimnasio Lorena puede ir **a pie** / **en metro** / **en bici**.

b. Para ir a la biblioteca es mejor ir **a pie** / **en metro** / **en bici**.

c. Para llegar al centro comercial es más rápido ir **a pie** / **en metro** / **en bici**.

6.6 Indica las frases que corresponden a lo que Eli y Lorena comentan en el segmento anterior.

a. ☐ Eli lleva poco tiempo en la ciudad.

b. ☐ Lorena quiere encontrar un gimnasio bueno pero no muy caro.

c. ☐ La biblioteca está un poco lejos de la casa de Lorena.

d. ☐ No es posible ir en bici en la ciudad donde viven Lorena y Eli.

e. ☐ El centro comercial está al sur de la ciudad.

f. ☐ Es posible ir a pie al centro comercial desde la casa de Lorena.

6.7 En este segmento Lorena está un poco perdida y pregunta a un hombre cómo ir al centro comercial (imagen 5). Mira el segmento y ordena las palabras para formar la frase que dice.

`04:28 - 04:41`

todo / Sigue / izquierda, / segunda / recto / calle / tu / y / vas / lo / gira / la / a / y / encontrar / frente./ de / a

Sigue...

6.8 Mira la imagen 6. Escribe cinco frases sobre la ubicación *(location)* de los siguientes elementos. Sigue el modelo.

> **Modelo:** El bazar está al lado de la farmacia.

Los elementos	La ubicación
la estatua • Lorena • la muchacha desconocida • el restaurante la farmacia • Eli • ~~el bazar~~	delante de • a la derecha de a la izquierda de • ~~al lado de~~ enfrente de • encima de

a. ....   d. ....

b. ....   e. ....

c. ....

DESPUÉS
DEL VIDEO

6.9 Trabaja con tu compañero/a para encontrar los elementos de la lista de la actividad 6.3 que están en el barrio de tu universidad. ¿Es un barrio interesante? ¿Por qué?

En mi barrio hay...

6.10 Comenta con tu compañero/a qué medios de transporte usas tú habitualmente para moverte en tu ciudad. ¿Cuál no usas nunca? ¿Por qué?

GRAMÁTICA

1. IRREGULAR VERBS *IR*, *SEGUIR*, *JUGAR*, AND *CONOCER*

» You have already learned some irregular verbs in Spanish. Verbs such as **hacer** and **salir** that have irregular **yo** forms, verbs that stem change such as **pedir** and **poder**, and verbs that are completely irregular like **ser**. In this next group, we have examples of each of these types. Look at the forms carefully and see if you recognize the pattern.

	IR (to go)	**SEGUIR** (to follow, continue)	**JUGAR** (to play)	**CONOCER** (to know, be familiar with)
yo	**voy**	s**i**go	j**ue**go	cono**zc**o
tú	**vas**	s**i**gues	j**ue**gas	conoces
usted/él/ella	**va**	s**i**gue	j**ue**ga	conoce
nosotros/as	**vamos**	seguimos	jugamos	conocemos
vosotros/as	**vais**	seguís	jugáis	conocéis
ustedes/ellos/ellas	**van**	s**i**guen	j**ue**gan	conocen

» The verb **ir** is irregular because it does not follow any pattern. It is usually followed by **a**.
   Voy al trabajo en autobús. *I go to work by bus.*
   Nosotros **vamos** al parque para jugar al básquetbol. *We go to the park to play basketball.*

» The verb **seguir** has both an irregular **yo** form and a stem change, **e ▶ i**.
   Sigo las direcciones del mapa. *I follow the directions on the map.*
   Si **sigues** todo recto, llegas a la estación. *If you continue straight, you'll get to the station.*

» The verb **jugar** is the only verb in Spanish that stem changes **u ▶ ue**. It is usually followed by **a**.
   Jugamos a los videojuegos en casa de Rafa. *We play videogames at Rafa's house.*
   Alejandro **juega** al tenis. *Alejandro plays tennis.*

» The verb **conocer** is irregular only in the **yo** form. Use **a** after **conocer** when saying you know or are acquainted with a person.
   ¿Conoces bien la ciudad? *Do you know the city well?*
   Conozco a muchas personas de Cuba. *I know (am acquainted with) many people from Cuba.*

6.1 Completa la conversación entre Graciela y Ángel con la forma correcta de *seguir*. Comprueba las respuestas con tu compañero/a.

Graciela: No conozco muy bien este centro comercial. ¿Dónde está la zapatería que me gusta?

Ángel: Mira, está ahí. (Nosotros) (a) .... todo recto y está a la derecha.

Graciela: ¿Hay una tienda de ropa cerca también?

Ángel: Creo que sí. Pero yo tengo que ir a la librería. Entonces tú (b) .... por aquí para ir a la tienda y yo (c) .... por la izquierda para ir a la librería.

Graciela: Está bien. Cada uno (d) .... su camino y después quedamos en la parada de autobús delante del centro.

6.2 Relaciona de manera lógica los verbos con las frases que están debajo. Después, construye preguntas para entrevistar a tu compañero/a.

1. seguir ....

2. ir ....

3. conocer ▶ ....

4. jugar ▶ ....

a. tu familia a tus amigos de la universidad

b. a alguien en twitter

c. tus amigos y tú al fútbol normalmente

d. en autobús, en metro o en carro a la universidad

e. a tus vecinos

f. o paras cuando el semáforo está en amarillo

g. bien la ciudad más cerca de la universidad o necesitas un mapa

h. una dieta con muchas frutas y verduras

i. más al boliche o a las cartas

2. PREPOSITIONS *EN, A, DE*

» As you have seen, certain verbs of motion are often followed by prepositions **a**, **en**, or **de**.
  – Use **en** with modes of transportation.
    *Viajamos **en** coche.* *We travel by car.*
  – Use **a** to express destination.
    *Mis padres van **al** supermercado.* *My parents are going to the supermarket.*
  – Use **de** to express origin or point of departure.
    *Salgo **de** mi casa a las nueve.* *I leave my house at nine o'clock.*

When **a** is followed by **el** it contracts to form **al**.

a + el = al

Remember:

Use **a** with people after the verb **conocer**.

Use **a** with sports after the verb **jugar**.

To go on vacation ▶ ir **de** vacaciones

To take a trip ▶ ir **de** viaje

6.3 Completa las oraciones con *a, al, en, de* o *del*. ¡Atención!, hay una oración que no necesita preposición. Después, usa las preguntas para entrevistar a tu compañero/a.

a. ¿Conoces .... muchos estudiantes en tu clase de español?

b. ¿Te gusta jugar .... los videojuegos en tu tiempo libre o prefieres montar .... bici?

c. ¿Vives cerca .... centro comercial más grande de tu pueblo o ciudad?

d. ¿Te gusta ir .... los partidos de fútbol americano?

e. ¿Vas .... gimnasio?

f. ¿Conoces .... la ciudad de Nueva York?

g. ¿Vas .... la universidad .... carro o .... pie?

6.4 Completa las siguientes conversaciones con los verbos y las preposiciones de la lista. Después practica las conversaciones con tu compañero/a y prepara una similar para presentar en clase.

jugamos • en • ir • a • conoces • de • voy • sigues • en • vas • vamos

a. ● ¿Cómo puedo (a) .... a la casa de tu hermano?
   ● Para ir (b) .... su casa (c) .... todo recto por la calle Real, giras a la derecha y caminas diez minutos aproximadamente. La casa está (d) .... la calle Paz. Si *(if)* vas (e) .... autobús, es mejor.

b. ● ¿(f) .... dónde es Juan?
   ● ¿(g) .... a Juan?
   ● Claro, todos los domingos (h) .... con él a jugar al tenis y en verano (i) .... de vacaciones juntos.

c. ● ¿Dónde (j) ....?
   ● Al campo de fútbol. Mis amigos y yo (k) .... al fútbol por la tarde.

3. DIRECT OBJECT PRONOUNS

» Just as we use subject pronouns to avoid repetition of names, we use direct object pronouns to refer to someone or something already mentioned.

¿Dónde compras los boletos?
Where do you buy the tickets? } Direct object of the sentence.

Los compro en la taquilla del metro.
I buy them at the subway ticket booth. } Direct object pronoun replaces the noun.

¿Conoces a Pedro?
Do you know Pedro? } Direct objects can be people or things. Remember to use a before direct objects that are people.

Sí, lo conozco de la universidad.
Yes, I know him from school. } Direct object pronouns must agree with the noun they replace.

» Here are the direct object pronouns in Spanish:

me	nos
te	os
lo / la	los / las

» In Spanish, direct object pronouns are placed before the conjugated verbs.

Uso la computadora todos los días. ▶ *La uso todos los días.*
Pongo el mapa en la mochila. ▶ *Lo pongo en la mochila.*
Llamo a mis amigas por teléfono. ▶ *Las llamo por teléfono.*

6.5 Relaciona cada descripción con el medio de transporte que le corresponde. Después, prepara descripciones para los medios que no las tienen y compártelas con tu compañero/a.

Modelo: E1: Lo necesitamos cuando el autobús no llega. ¿Qué es?
E2: El taxi.

1. Lo usamos para viajar por el mar Mediterráneo.
2. Muchos jóvenes la usan para no gastar gasolina.
3. Los estudiantes los toman para ir a la escuela.
4. Mi hermano la usa porque es más rápida que la bici.
5. Los usan las personas que viven en las ciudades.
6. Lo usa la gente que tiene que viajar largas distancias en poco tiempo.
7. ¿…?
8. ¿…?
9. ¿…?

a. el tren
b. la moto
c. el barco
d. la bicicleta
e. los autobuses
f. el carro
g. el metro y el taxi
h. el avión
i. el taxi

6.6 Escucha las siguientes conversaciones y señala de qué hablan.

(58)

Conversación a	Conversación b	Conversación c	Conversación d
☐ unos zapatos	☐ una colonia	☐ unas revistas	☐ unas papas
☐ unas botas	☐ un perfume	☐ unos periódicos	☐ unas plantas
		☐ unos libros	☐ unos tomates

6.7 Identifica los siguientes establecimientos y personas según tus preferencias. Después, pregúntale a tu compañero/a si los conoce también. Añade más información para continuar la conversación.

> **Modelo:** tu restaurante favorito
> E1: Mi restaurante favorito es El Quijote. ¿Lo conoces?
> E2: Sí, lo conozco. / No, no lo conozco.
> E1: ¿Y te gusta?
> E2: …

a. tu museo favorito

b. tu actriz favorita

c. tu ciudad favorita

d. tu supermercado favorito

e. tu tienda de ropa favorita

f. tu parque favorito

g. tu deportista favorito

h. tu profesor/a favorito/a

i. tu película favorita

4. ADVERBS OF QUANTITY

» Adverbs of quantity tell how much something is done.

demasiado *too much*	Luis trabaja **demasiado**.
mucho *very much, a lot*	Ana viaja **mucho**.
bastante *enough*	Pedro estudia **bastante**.
poco *very little, not much*	Rosa estudia **poco**.

» **Muy** can be used to intensify how an action is done (adverb) and a description (adjective).

> *Olivia habla **muy** bien.* Olivia speaks very well.
> *Es **muy** inteligente.* She is very intelligent.

» **Mucho**, when used after a verb, means *very much* or *a lot*. Before a noun, **mucho** expresses quantity and functions as an adjective. Note that, as an adjective, **mucho** must agree with the noun in number and gender.

> **Adverb:** *Juana come **mucho**.* Juana eats a lot.
> **Adjective:** *Juana come **muchas palomitas**.* Juana eats a lot of popcorn.
> *Creo que compras **muchos zapatos**.* I think you buy a lot of (many) shoes.

6.8 Elige la opción correcta.

a. Mi hermano nunca *(never)* va al gimnasio. No le gusta **poco** / **mucho** hacer deporte.

b. Jaime come **demasiado** / **poco**: solo una ensalada para comer y fruta para cenar.

c. Todos los días leo el periódico y una revista. Leo **poco** / **bastante**.

d. Mi padre trabaja doce horas al día. Trabaja **demasiado** / **bastante**.

6.9 Clasifica las palabras según se usen con *muy* o *mucho/a* y escribe un ejemplo para cada una. Compara tus frases con un compañero/a. ¿Están de acuerdo?

	Muy	Mucho/a
a. guapa		
b. sueño		
c. frío		
d. trabajador		
e. divertido		
f. paciencia		
g. simpática		
h. alegría		

VIDEOCLASES
11 Y **12**

DESTREZAS

1. COMPRENSIÓN DE LECTURA

6.1   Juan Carlos es de Santiago de Chile y Ana de Madrid, pero viven en Barcelona y Ciudad de México, respectivamente. Observa las fotos y lee los correos que se escriben. Después, elige las dos imágenes de los transportes que se mencionan y la ciudad a la que pertenecen.

6.2   Lee los correos otra vez y elije las palabras clave (conocidas o no) de los textos.

⚙ ESTRATEGIA

Identifying keywords

A keyword is a word that serves as the key to the meaning of a sentence or passage. Skim the text to determine the focus of the reading. Then skim the text again by sections and identify the targeted information or keywords. Try to guess the meaning of unfamiliar keywords. Is it a cognate? Is it similar to another word you know in Spanish? Is it part of a word family you recognize?

Asunto: ¡Ya estoy en Ciudad de México!

De: Ana   **Para:** Juan Carlos

Hola, Juan Carlos. ¿Cómo estás?
Yo estoy muy contenta en Ciudad de México. Es una ciudad muy bonita y muy grande. Vivo muy lejos de mi trabajo y todos los días tomo varios autobuses.
Aquí hay muchos medios de transporte: el metro, el tren ligero, el metrobús, el trolebús, el microbús, los camiones y el ecobús, un transporte menos contaminante.
Pero lo más extraño para mí son unos autobuses rosas, solo para mujeres. Pertenecen al "Programa Atenea", y son gratis para las mujeres embarazadas y las de la tercera edad. ¡Qué curioso!, ¿verdad?
Y tú, ¿qué tal en Barcelona? ¿Y en el hospital?
Un abrazo, Ana

Asunto: RE: ¡Ya estoy en Ciudad de México!

De: Juan Carlos   **Para:** Ana

¡Hola, Ana!
¡Qué curioso el Programa Atenea! Aquí en Barcelona no hay nada similar...
Yo voy al hospital en bicicleta. En Barcelona no tenemos ecobús, pero sí tenemos Bicing, es un medio de transporte público que permite ir por la ciudad en bicicleta. ¡Es genial!
No contamina y además es bastante económico. Hay muchas estaciones Bicing por toda la ciudad, la mayoría está muy cerca de las estaciones de metro, de tren y de los aparcamientos públicos.
Increíble, ¿no? ¡Yo practicando deporte!
Bueno, Ana, me despido ya, que me voy al hospital.
Un beso, Juan Carlos

6.3   Lee las siguientes afirmaciones y di a qué ciudad pertenecen, según la información de los correos.

                                                           Ciudad

a. El ecobús es uno de los transportes menos contaminantes de la ciudad.

b. No existe el Programa Atenea ni nada similar.

c. Hay muchas estaciones de Bicing por toda la ciudad.

d. Hay autobuses solo para mujeres.

6.4   ¿Hay alguna palabra clave que todavía no entiendes?

2. EXPRESIÓN ESCRITA

6.5 Lee la información sobre las siguientes personas. Piensa en los lugares de tu ciudad o región que les pueden interesar. Prepara una lista.

Elena y Diego
"Nos encanta la aventura y la naturaleza. Siempre vamos de vacaciones a lugares con muchos árboles, flores, ríos y lagos".

Daniela
"A mí me encanta tomar el sol y descansar".

Macarena
"Prefiero visitar ciudades y lugares donde puedo aprender sobre la historia y la cultura de esa región".

Enrique y Marta
"Estamos muy enamorados y queremos un lugar especial y romántico".

6.6 Escribe un correo a una de las personas anteriores explicándole qué hay en tu ciudad o pueblo que le va a gustar.

 ESTRATEGIA

Persuasion

Give specific information and concrete examples to persuade your readers. Think about the necessary information beforehand and organize it in a way that is easy for you to reference as you write. Creating a chart with categories such as **lugar**, **descripción (qué hay)**, **actividades**, and **opiniones** will help you create a stronger argument.

3. INTERACCIÓN ORAL

6.7 Cuéntale a tu compañero/a qué lugar de los siguientes es el mejor para ti y explícale por qué.

Para las vacaciones... ¡elige tu destino favorito!

a. Teotihuacán es una zona arqueológica a cuarenta kilómetros de la capital. Tiene muchos restos arqueológicos y puedes aprender mucho sobre la historia antigua de México. Hay edificios estupendos como las pirámides del Sol y la Luna.

b. Guanajuato es un lugar romántico, donde las leyendas y la tradición son los ingredientes principales. Tiene calles tranquilas para caminar durante horas y restaurantes muy íntimos.

c. En Playa del Carmen hay hermosas playas, con aguas de color turquesa del mar Caribe. Puedes descansar y tomar el sol mientras escuchas el relajante sonido del mar.

d. En Chihuahua, las Barrancas del Cobre son un gran espectáculo. Hay grandes montañas y puedes admirar paisajes fantásticos además de observar la naturaleza. Es posible viajar en tren, a caballo, en bicicleta, a pie o en kayak. En la ciudad, la catedral es una de las más importantes del norte de México.

 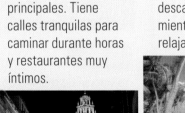 

 ESTRATEGIA

Seeking feedback

As you practice with a partner, seek his or her feedback to correct errors you have made and to improve your overall performance. Remember to use correct intonation and to pronounce words clearly.

Muchachos en el campamento

TURISMO DE AVENTURA

La Ruta Quetzal es un viaje de España a América Latina. En la ruta participan trescientos cincuenta jóvenes de cincuenta países. En América Latina estudian historia y cultura. ¿Te interesa? Descubre cómo ser monitor y vive la aventura de tu vida.

LA RUTA QUETZAL, ¿QUÉ ES?

La Ruta Quetzal es una expedición de España a América Latina en la que participan más de trescientos muchachos y muchachas de dieciséis y diecisiete años de todo el mundo. El viaje se hace en barco desde España y, al llegar al país de destino, se estudian aspectos de su naturaleza, historia o geografía.

Este viaje combina el intercambio* cultural y la aventura. Desde su creación, más de nueve mil jóvenes de todo el mundo han viajado y descubierto la geografía, cultura, historia y sociedad de más de veintinueve países o zonas geográficas de toda América Latina.

> ¿Has participado* alguna vez en una expedición, aventura o intercambio cultural? ¿En qué tipo de expedición te gustaría participar?

HISTORIA DE LA RUTA

En 1979, el entonces Rey* de España Juan Carlos I pidió al reportero y aventurero Miguel de la Quadra-Salcedo la creación de un programa de intercambio cultural entre los países de habla hispana.

«El mensaje* estaba claro», dice De la Quadra-Salcedo, «los jóvenes participantes debían aprender y reflexionar sobre el pasado, sobre la historia de los países de América Latina, y también sobre el futuro desde un punto de vista antropológico y medioambiental*».

La expedición es, desde 1990, un programa cultural declarado de Interés Universal por la Unesco.

> ¿Qué crees que aportan* los intercambios culturales de este tipo? ¿Por qué?

CUBA

«Yo trabajé de monitor en la ruta que siguió los pasos de Cristóbal Colón en su segundo viaje, en 1493», dice Federico Pérez.

«Viajamos desde las islas Canarias, España, hacia Puerto Rico y República Dominicana. Después visitamos Cuba. En La Habana comimos el congrí, un plato típico de arroz con frijoles, visitamos edificios de estilo colonial y aprendimos sobre la cultura de los taínos, los primeros habitantes de la isla».

> ¿Qué aspectos definen la identidad de un país? (Por ejemplo, la historia, la gastronomía, las costumbres sociales, etc.). ¿Por qué?

Grupo en una de sus expediciones.

CÓMO SER MONITOR

Cada año, la Ruta Quetzal busca gente entre veinticuatro y veintiocho años para acompañar a los jóvenes aventureros durante su expedición. «Los monitores deben tener título universitario, licenciado, máster o doctor, y una titulación específica de socorrista* acuático y terrestre. Además, es importante tener conocimientos* sobre la cultura, historia y geografía de América Latina», dice un organizador de la ruta.

«Si te interesa la aventura, las expediciones y otras culturas, esta experiencia es para ti», dice José Pablo García Báez, exmonitor de la ruta y autor del libro *Mentores de la aventura: diario de un monitor de la Ruta Quetzal*».

¿Qué habilidades piensas que se necesitan para ser monitor de una expedición internacional?

REALIZA UNA INVESTIGACIÓN RÁPIDA PARA ENCONTRAR LOS DATOS SIGUIENTES:

a ¿Qué países visitó la expedición de la Ruta Quetzal el pasado año?

b ¿Cuántos días dura la expedición?

c ¿Qué es un quetzal?

Fuentes: Ruta Quetzal, BBVA, José Pablo García Báez, Universidad Complutense de Madrid y entrevistas.

REPÚBLICA DOMINICANA Y PUERTO RICO

Marta Velázquez, monitora de la ruta, dice: «Yo participé en la ruta cuando tenía dieciséis años. Fue una gran experiencia. Durante mi primera expedición visitamos las montañas de República Dominicana para conmemorar el quinto centenario de la Carta de Jamaica, un documento que escribió Cristóbal Colón en 1503, durante su cuarto viaje al Caribe.

Colón buscaba el «paraíso» y pensaba que este estaba en las montañas próximas a Santo Domingo, capital de República Dominicana. En aquella época, la isla se llamaba La Española.

Después fuimos en barco hasta el puerto de Mayagüez, en la isla de Puerto Rico. Allí visitamos el observatorio astronómico de Arecibo, recorrimos la montaña del Yunque dentro del Parque Nacional de Estados Unidos… En fin, la experiencia me gustó mucho y me convertí en monitora de la expedición. He visitado varios países latinoamericanos desde entonces».

Ilustración de los colonizadores españoles en Cuba.

¿Has visitado algún país latinoamericano? ¿Te gustaría visitar América Latina? ¿Qué países te gustaría visitar? ¿Por qué?

GLOSARIO

aportan – (they) bring	
me convertí – (I) became	
el entonces Rey – the then king	
el intercambio – exchange	
medioambiental – environmental	
el mensaje – message	
has participado – have you ever taken part	
pensaba – (he) thought	
el quinto centenario –500th anniversary	
recorrimos – (we) went all over	
el socorrista – first responder	
tener conocimientos	
– to have some knowledge	

VOCES LATINAS

Turismo de aventura

EN RESUMEN

Situación

Recados y conversaciones
You are out and about the city running errands, doing some window shopping, and stopping to talk to people.

LEARNING OUTCOMES

	ACTION
Get around in a city	**6.1** Tienes una lista de cosas para hacer hoy por la ciudad, pero solo puedes leer el nombre de las tiendas y no qué tienes que hacer o comprar allí. Completa la lista de manera lógica.

librería	estación de metro	tienda de ropa	pastelería

buscar ▶

comprar ▶

6.2 Hay muchos turistas hoy en el centro y necesitan tu ayuda. Haz turnos con tu compañero/a para hacer el papel de turista y usa el mapa para indicarle cómo puede ir a los diferentes lugares. Practiquen con las expresiones para pedir y dar información.

Estudiante A:
a. centro comercial
b. hospital
c. museo

Estudiante B:
a. cine
b. supermercado
c. parque

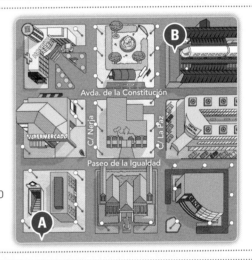

Ask for and give directions

6.3 Al pasar por unos escaparates *(shop windows)* ves algunas cosas que te gustan y decides entrar a comprarlas. Explica al dependiente dónde están situadas esas cosas. Después, comparte tus descripciones con tu compañero/a. ¿Son similares?

Describe where things are located

Talk about means of transportation

6.4 Ahora estás en la parada de autobús para volver a casa, pero el autobús no llega. Mientras esperas, hablas con una de las personas que también esperan sobre los medios de transporte de la ciudad: cómo son, cuáles prefieres, por qué, etc.

LISTA DE VOCABULARIO

Expresiones de lugar
Adverbs of place

a la derecha de to the right of
a la izquierda de to the left of
al lado de next to
cerca de close to, near
debajo de under, below
delante de in front of
dentro de inside
detrás de behind
encima de on top of
entre between
lejos de far from

Verbos Verbs

conocer to know, to be familiar with
girar to turn
hay there is, there are
ir to go
ir a pie to go on foot
ir de vacaciones to go on vacation
ir de viaje to go on a trip
jugar to play
seguir to follow, to continue

Medios de transporte
Means of transportation

el autobús bus
el avión airplane
el barco ship
el metro subway
la moto motorcycle
el taxi taxi
el tren train

Descripciones Descriptions

barato/a inexpensive
caro/a expensive
cómodo/a comfortable
contaminante contaminant, pollutant
ecológico/a ecological
incómodo/a uncomfortable
lento/a slow
peligroso/a dangerous
rápido/a fast
seguro/a safe, certain

Establecimientos de la
ciudad. Places in the city

el banco bank
el centro comercial shopping center, mall
el cine movie theater
la estación de metro subway station

la estación de tren train station
la farmacia pharmacy
el gimnasio gym
el hospital hospital
el hotel hotel
la librería bookstore
el museo museum
la panadería bread shop
la parada de autobús bus stop
la pastelería bakery
el supermercado supermarket
el teatro theater
la tienda de ropa clothing store
la zapatería shoe store

Preposiciones Prepositions

a, al to, to the (masculine)
de, del from, from the (masculine)
en on

Adverbios de cantidad
Adverbs of quantity

bastante enough
demasiado too much
mucho very much, a lot
muy very
poco very little, not much

TABLA DE VERBOS

PRESENT INDICATIVE OF REGULAR VERBS

–AR CANTAR	–ER COMER	–IR VIVIR
canto	como	vivo
cantas	comes	vives
canta	come	vive
cantamos	comemos	vivimos
cantáis	coméis	vivís
cantan	comen	viven

PRESENT TENSE OF REGULAR REFLEXIVE VERBS

BAÑARSE	DUCHARSE	LAVARSE	LEVANTARSE	PEINARSE
me baño	me ducho	me lavo	me levanto	me peino
te bañas	te duchas	te lavas	te levantas	te peinas
se baña	se ducha	se lava	se levanta	se peina
nos bañamos	nos duchamos	nos lavamos	nos levantamos	nos peinamos
os bañáis	os ducháis	os laváis	os levantáis	os peináis
se bañan	se duchan	se lavan	se levantan	se peinan

PRESENT TENSE OF IRREGULAR REFLEXIVE VERBS

ACORDARSE	ACOSTARSE	DESPERTARSE	REÍRSE	VESTIRSE
me acuerdo	me acuesto	me despierto	me río	me visto
te acuerdas	te acuestas	te despiertas	te ríes	te vistes
se acuerda	se acuesta	se despierta	se ríe	se viste
nos acordamos	nos acostamos	nos despertamos	nos reímos	nos vestimos
os acordáis	os acostáis	os despertáis	os reís	os vestís
se acuerdan	se acuestan	se despiertan	se ríen	se visten

VERBS LIKE *GUSTAR*

DOLER	ENCANTAR	MOLESTAR	PARECER
me duele/duelen	me encanta/encantan	me molesta/molestan	me parece/parecen
te duele/duelen	te encanta/encantan	te molesta/molestan	te parece/parecen
le duele/duelen	le encanta/encantan	le molesta/molestan	le parece/parecen
nos duele/duelen	nos encanta/encantan	nos molesta/molestan	nos parece/parecen
os duele/duelen	os encanta/encantan	os molesta/molestan	os parece/parecen
les duele/duelen	les encanta/encantan	les molesta/molestan	les parece/parecen

IRREGULAR VERBS IN THE PRESENT INDICATIVE

CERRAR	COMENZAR	CONCLUIR	CONDUCIR
cierro	comienzo	concluyo	conduzco
cierras	comienzas	concluyes	conduces
cierra	comienza	concluye	conduce
cerramos	comenzamos	concluimos	conducimos
cerráis	comenzáis	concluís	conducís
cierran	comienzan	concluyen	conducen

CONOCER	CONSTRUIR	CONTRIBUIR	DAR
conozco	construyo	contribuyo	doy
conoces	construyes	contribuyes	das
conoce	construye	contribuye	da
conocemos	construimos	contribuimos	damos
conocéis	construís	contribuís	dais
conocen	construyen	contribuyen	dan

DECIR	DESTRUIR	DORMIR	EMPEZAR
digo	destruyo	duermo	empiezo
dices	destruyes	duermes	empiezas
dice	destruye	duerme	empieza
decimos	destruimos	dormimos	empezamos
decís	destruís	dormís	empezáis
dicen	destruyen	duermen	empiezan

ENCONTRAR	ENTENDER	ESTAR	HACER
encuentro	entiendo	estoy	hago
encuentras	entiendes	estás	haces
encuentra	entiende	está	hace
encontramos	entendemos	estamos	hacemos
encontráis	entendéis	estáis	hacéis
encuentran	entienden	están	hacen

HUIR	IR	JUGAR	MERENDAR
huyo	voy	juego	meriendo
huyes	vas	juegas	meriendas
huye	va	juega	merienda
huimos	vamos	jugamos	merendamos
huis	vais	jugáis	merendáis
huyen	van	juegan	meriendan

OÍR	PEDIR	PENSAR	PERDER
oigo	pido	pienso	pierdo
oyes	pides	piensas	pierdes
oye	pide	piensa	pierde
oímos	pedimos	pensamos	perdemos
oís	pedís	pensáis	perdéis
oyen	piden	piensan	pierden

PODER	PONER	PROTEGER	QUERER
puedo	pongo	protejo	quiero
puedes	pones	proteges	quieres
puede	pone	protege	quiere
podemos	ponemos	protegemos	queremos
podéis	ponéis	protegéis	queréis
pueden	ponen	protegen	quieren

RECORDAR	SABER	SALIR	SER
rec**ue**rdo	**sé**	**salgo**	**soy**
rec**ue**rdas	sabes	sales	**eres**
rec**ue**rda	sabe	sale	**es**
recordamos	sabemos	salimos	**somos**
recordáis	sabéis	salís	**sois**
rec**ue**rdan	saben	salen	**son**

SERVIR	SOÑAR	TENER	TRADUCIR
s**i**rvo	s**ue**ño	**tengo**	tradu**zc**o
s**i**rves	s**ue**ñas	t**ie**nes	traduces
s**i**rve	s**ue**ña	t**ie**ne	traduce
servimos	soñamos	tenemos	traducimos
servís	soñáis	tenéis	traducís
s**i**rven	s**ue**ñan	t**ie**nen	traducen

TRAER	VENIR	VER	VOLVER
traigo	**vengo**	**veo**	v**ue**lvo
traes	v**ie**nes	ves	v**ue**lves
trae	v**ie**ne	ve	v**ue**lve
traemos	venimos	vemos	volvemos
traéis	venís	veis	volvéis
traen	v**ie**nen	ven	v**ue**lven

PRETERIT

Regular verbs

-AR CANTAR	-ER COMER	-IR VIVIR
cant**é**	com**í**	viv**í**
cant**aste**	com**iste**	viv**iste**
cant**ó**	com**ió**	viv**ió**
cant**amos**	com**imos**	viv**imos**
cant**asteis**	com**isteis**	viv**isteis**
cant**aron**	com**ieron**	viv**ieron**

Irregular verbs

ANDAR	CAER	COMENZAR	CONCLUIR
anduve	caí	comen**cé**	concluí
anduviste	caíste	comenzaste	concluiste
anduvo	ca**yó**	comenzó	conclu**yó**
anduvimos	caímos	comenzamos	concluimos
anduvisteis	caísteis	comenzasteis	concluisteis
anduvieron	ca**yeron**	comenzaron	conclu**yeron**

CONSTRUIR	CONTRIBUIR	DAR	DECIR
construí	contribuí	**di**	**dije**
construiste	contribuiste	**diste**	**dijiste**
constru**yó**	contribu**yó**	**dio**	**dijo**
construimos	contribuimos	**dimos**	**dijimos**
construisteis	contribuisteis	**disteis**	**dijisteis**
constru**yeron**	contribu**yeron**	**dieron**	**dijeron**

DESTRUIR	DORMIR	ELEGIR	EMPEZAR
destruí	dormí	elegí	empe**c**é
destruiste	dormiste	elegiste	empezaste
destru**yó**	d**u**rmió	el**i**gió	empezó
destruimos	dormimos	elegimos	empezamos
destruisteis	dormisteis	elegisteis	empezasteis
destru**yeron**	d**u**rmieron	el**i**gieron	empezaron

ESTAR	HABER	HACER	IR
estuve	**hubo**	**hice**	**fui**
estuviste		**hiciste**	**fuiste**
estuvo		**hizo**	**fue**
estuvimos		**hicimos**	**fuimos**
estuvisteis		**hicisteis**	**fuisteis**
estuvieron		**hicieron**	**fueron**

JUGAR	LEER	MEDIR	MORIR
ju**gu**é	leí	medí	morí
jugaste	leíste	mediste	moriste
jugó	le**yó**	m**i**dió	m**u**rió
jugamos	leímos	medimos	morimos
jugasteis	leísteis	medisteis	moristeis
jugaron	le**yeron**	m**i**dieron	m**u**rieron

OÍR	PEDIR	PESCAR	PODER
oí	pedí	pes**qu**é	**pude**
oíste	pediste	pescaste	**pudiste**
o**yó**	p**i**dió	pescó	**pudo**
oímos	pedimos	pescamos	**pudimos**
oísteis	pedisteis	pescasteis	**pudisteis**
o**yeron**	p**i**dieron	pescaron	**pudieron**

PONER	QUERER	SABER	SER
puse	**quise**	**supe**	**fui**
pusiste	**quisiste**	**supiste**	**fuiste**
puso	**quiso**	**supo**	**fue**
pusimos	**quisimos**	**supimos**	**fuimos**
pusisteis	**quisisteis**	**supisteis**	**fuisteis**
pusieron	**quisieron**	**supieron**	**fueron**

SERVIR	SONREÍR	TENER	TRADUCIR
serví	sonreí	**tuve**	**traduje**
serviste	sonreíste	**tuviste**	**tradujiste**
sirvió	sonrió	**tuvo**	**tradujo**
servimos	sonreímos	**tuvimos**	**tradujimos**
servisteis	sonreísteis	**tuvisteis**	**tradujisteis**
sirvieron	sonrieron	**tuvieron**	**tradujeron**

TRAER	VENIR	VER
traje	**vine**	**vi**
trajiste	**viniste**	**viste**
trajo	**vino**	**vio**
trajimos	**vinimos**	**vimos**
trajisteis	**vinisteis**	**visteis**
trajeron	**vinieron**	**vieron**

IMPERFECT

Regular verbs

-AR CANTAR	-ER COMER	-IR VIVIR
cant**aba**	com**ía**	viv**ía**
cant**abas**	com**ías**	viv**ías**
cant**aba**	com**ía**	viv**ía**
cant**ábamos**	com**íamos**	viv**íamos**
cant**abais**	com**íais**	viv**íais**
cant**aban**	com**ían**	viv**ían**

Irregular verbs

SER	IR	VER
era	**iba**	**veía**
eras	**ibas**	**veías**
era	**iba**	**veía**
éramos	**íbamos**	**veíamos**
erais	**ibais**	**veíais**
eran	**iban**	**veían**

PRESENT PERFECT

Regular verbs

-AR CANTAR	-ER COMER	-IR VIVIR
he cant**ado**	he com**ido**	he viv**ido**
has cant**ado**	has com**ido**	has viv**ido**
ha cant**ado**	ha com**ido**	ha viv**ido**
hemos cant**ado**	hemos com**ido**	hemos viv**ido**
habéis cant**ado**	habéis com**ido**	habéis viv**ido**
han cant**ado**	han com**ido**	han viv**ido**

Irregular past participles

abrir ▶ **abierto**		freír ▶ **frito**		resolver ▶ **resuelto**	
absolver ▶ **absuelto**		hacer ▶ **hecho**		revolver ▶ **revuelto**	
cubrir ▶ **cubierto**		imprimir ▶ **impreso**		romper ▶ **roto**	
decir ▶ **dicho**		morir ▶ **muerto**		ver ▶ **visto**	
escribir ▶ **escrito**		poner ▶ **puesto**		volver ▶ **vuelto**	

AFFIRMATIVE AND NEGATIVE COMMANDS

Regular verbs

CANTAR	COMER	VIVIR
canta / no cantes	come / no comas	vive / no vivas
(no) cante	(no) coma	(no) viva
(no) canten	(no) coman	(no) vivan

Irregular verbs

CAER	CONDUCIR	CONOCER	CONSTRUIR	CONTAR
cae / no **caigas**	conduce / no conduzca	conoce / no conozcas	construye/no construyas	cuenta / no cuentes
(no) **caiga**	(no) conduzca	(no) conozca	(no) construya	(no) cuente
(no) **caigan**	(no) conduzcan	(no) conozcan	(no) construyan	(no) cuenten

DECIR	DORMIR	ELEGIR	EMPEZAR	HACER
di / no **digas**	duerme / no duermas	elige / no elijas	empieza / no empieces	**haz** / no **hagas**
(no) **diga**	(no) duerma	(no) elija	(no) empiece	(no) **haga**
(no) **digan**	(no) duerman	(no) elijan	(no) empiecen	(no) **hagan**

HUIR	IR	JUGAR	LLEGAR	OÍR
huye / no huyas	**ve** / no **vayas**	juega / no juegues	llega / no llegues	**oye** / no **oigas**
(no) huya	(no) **vaya**	(no) juegue	(no) llegue	(no) **oiga**
(no) huyan	(no) **vayan**	(no) jueguen	(no) lleguen	(no) **oigan**

PEDIR	PENSAR	PONER	SABER	SALIR
pide / no pidas	piensa / no pienses	**pon** / no **pongas**	sabe / no **sepas**	**sal** / no **salgas**
(no) pida	(no) piense	(no) **ponga**	(no) **sepa**	(no) **salga**
(no) pidan	(no) piensen	(no) **pongan**	(no) **sepan**	(no) **salgan**

SER	TENER	VENIR	VESTIR	VOLVER
sé / no **seas**	**ten** / no **tengas**	**ven** / no **vengas**	viste / no vistas	vuelve / no vuelvas
(no) **sea**	(no) **tenga**	(no) **venga**	(no) vista	(no) vuelva
(no) **sean**	(no) **tengan**	(no) **vengan**	(no) vistan	(no) vuelvan

FUTURE TENSE

Regular verbs

CANTAR	COMER	VIVIR
cantaré	comeré	viviré
cantarás	comerás	vivirás
cantará	comerá	vivirá
cantaremos	comeremos	viviremos
cantaréis	comeréis	viviréis
cantarán	comerán	vivirán

Irregular verbs

CABER	DECIR	HABER	HACER
cabré	diré	habré	haré
cabrás	dirás	habrás	harás
cabrá	dirá	habrá	hará
cabremos	diremos	habremos	haremos
cabréis	diréis	habréis	haréis
cabrán	dirán	habrán	harán

PODER	PONER	QUERER	SABER
podré	pondré	querré	sabré
podrás	pondrás	querrás	sabrás
podrá	pondrá	querrá	sabrá
podremos	pondremos	querremos	sabremos
podréis	pondréis	querréis	sabréis
podrán	pondrán	querrán	sabrán

SALIR	TENER	VALER	VENIR
saldré	tendré	valdré	vendré
saldrás	tendrás	valdrás	vendrás
saldrá	tendrá	valdrá	vendrá
saldremos	tendremos	valdremos	vendremos
saldréis	tendréis	valdréis	vendréis
saldrán	tendrán	valdrán	vendrán

PLUPERFECT (Past perfect)

había		
habías		
había	**–ado** (–ar verbs)	cant**ado**
habíamos	**–ido** (–er / ir verbs)	com**ido**
habíais		viv**ido**
habían		

Irregular past participles

abrir	▶ **abierto**	escribir	▶ **escrito**
hacer	▶ **hecho**	ver	▶ **visto**
decir	▶ **dicho**	poner	▶ **puesto**
romper	▶ **roto**	volver	▶ **vuelto**

CONDITIONAL

Regular verbs

HABLAR	COMER	ESCRIBIR
hablaría	comería	escribiría
hablarías	comerías	escribirías
hablaría	comería	escribiría
hablaríamos	comeríamos	escribiríamos
hablaríais	comeríais	escribiríais
hablarían	comerían	escribirían

Irregular verbs

caber ▶ **cabr–**	tener ▶ **tendr–**	hacer ▶ **har–**		–ía
haber ▶ **habr–**	poder ▶ **podr–**	decir ▶ **dir–**		–ías
saber ▶ **sabr–**	poner ▶ **pondr–**			–ía
querer ▶ **querr–**	venir ▶ **vendr–**		+	–íamos
	salir ▶ **saldr–**			–íais
	valer ▶ **valdr–**			–ían

PRESENT SUBJUNCTIVE

Regular verbs

HABLAR	COMER	ESCRIBIR
hable	coma	escriba
hables	comas	escribas
hable	coma	escriba
hablemos	comamos	escribamos
habléis	comáis	escribáis
hablen	coman	escriban

Irregular verbs

Stem-changing verbs

QUERER	VOLVER	JUGAR	PEDIR
e ▶ ie	o ▶ ue	u ▶ ue	e ▶ i
			(en todas las personas)
quiera	vuelva	juegue	pida
quieras	vuelvas	juegues	pidas
quiera	vuelva	juegue	pida
queramos	volvamos	juguemos	pidamos
queráis	volváis	juguéis	pidáis
quieran	vuelvan	jueguen	pidan

» The verbs **dormir** and **morir** have two stem changes in the present subjunctive: **o ▶ ue** and **o ▶ u**:
  – d**ue**rma, d**ue**rmas, d**ue**rma, d**u**rmamos, d**u**rmáis, d**ue**rman
  – m**ue**ra, m**ue**ras, m**ue**ra, m**u**ramos, m**u**ráis, m**ue**ran

Verbs with irregular **yo** forms in the present tense

poner ▶ **pong–**	traer ▶ **traig–**	–a
tener ▶ **teng–**	hacer ▶ **hag–**	–as
salir ▶ **salg–**	caer ▶ **caig–**	–a
venir ▶ **veng–**	construir ▶ **construy–**	–amos
decir ▶ **dig–**	conocer ▶ **conozc–**	–áis
		–an

Verbs that are completely irregular

HABER	IR	SABER	ESTAR	SER	VER	DAR
haya	vaya	sepa	esté	sea	vea	dé
hayas	vayas	sepas	estés	seas	veas	des
haya	vaya	sepa	esté	sea	vea	dé
hayamos	vayamos	sepamos	estemos	seamos	veamos	demos
hayáis	vayáis	sepáis	estéis	seáis	veáis	deis
hayan	vayan	sepan	estén	sean	vean	den

Other verbs with irregular forms in the subjunctive

e ▶ ie (except in the **nosotros** and **vosotros** forms)

cerrar ▶ cie rre	encender ▶ encie nda	mentir ▶ mie nta
comenzar ▶ comie nce	encerrar ▶ encie rre	querer ▶ quie ra
despertarse ▶ se despie rte	entender ▶ entie nda	recomendar ▶ recomie nde
divertirse ▶ se divie rta	gobernar ▶ gobie rne	sentarse ▶ se sie nte
empezar ▶ empie ce	manifestar ▶ manifie ste	sentir ▶ sie nta

o ▶ ue (except in the **nosotros** and **vosotros** forms)

acordarse ▶ se acue rde	rogar ▶ rue gue
acostarse ▶ se acue ste	soler ▶ sue la
contar ▶ cue nte	sonar ▶ sue ne
llover ▶ llue va	soñar ▶ sue ñe
probar ▶ prue be	volar ▶ vue le
resolver ▶ resue lva	volver ▶ vue lva

e ▶ i (en todas las personas)

competir ▶ compi ta
despedir ▶ despi da
despedirse ▶ se despi da
impedir ▶ impi da
medir ▶ mi da
repetir ▶ repi ta

IMPERFECT SUBJUNCTIVE

Regular verbs

PRACTICAR	BEBER	SALIR
practic**ara**	beb**iera**	sal**iera**
practic**aras**	beb**ieras**	sal**ieras**
practic**ara**	beb**iera**	sal**iera**
practic**áramos**	beb**iéramos**	sal**iéramos**
practic**arais**	beb**ierais**	sal**ierais**
practic**aran**	beb**ieran**	sal**ieran**

Irregular verbs

INFINITIVO	PRETERIT	IMPERFECT SUBJUNCTIVE
poner	**pusieron**	**pusiera**
dormir	**durmieron**	**durmiera**
conducir	**condujeron**	**condujera**
pedir	**pidieron**	**pidiera**
querer	**quisieron**	**quisiera**
hacer	**hicieron**	**hiciera**
poder	**pudieron**	**pudiera**
tener	**tuvieron**	**tuviera**
oír	**oyeron**	**oyera**
construir	**construyeron**	**construyera**
ser / ir	**fueron**	**fuera**
estar	**estuvieron**	**estuviera**
haber	**hubieron**	**hubiera**

RESUMEN GRAMATICAL

ARTICLES

	Definite articles		Indefinite articles	
	Masculine	**Feminine**	**Masculine**	**Feminine**
Singular	el	la	un	una
Plural	los	las	unos	unas

SUBJECT PRONOUNS

Singular	**Plural**
yo	nosotros/nosotras
tú	vosotros/vosotras
usted/él/ella	ustedes/ellos/ellas

PRESENT TENSE

	LLAMAR(SE)	**SER**	**TENER**
yo	**me** llam**o**	**soy**	**tengo**
tú	**te** llam**as**	**eres**	ti**e**nes
usted/él/ella	**se** llam**a**	**es**	ti**e**ne
nosotros/as	**nos** llam**amos**	**somos**	tenemos
vosotros/as	**os** llam**áis**	**sois**	tenéis
ustedes/ellos/ellas	**se** llam**an**	**son**	ti**e**nen

NUMBERS 0-31

0	cero	8	ocho	16	dieciséis	24	veinticuatro
1	uno	9	nueve	17	diecisiete	25	veinticinco
2	dos	10	diez	18	dieciocho	26	veintiséis
3	tres	11	once	19	diecinueve	27	veintisiete
4	cuatro	12	doce	20	veinte	28	veintiocho
5	cinco	13	trece	21	veintiuno	29	veintinueve
6	seis	14	catorce	22	veintidós	30	treinta
7	siete	15	quince	23	veintitrés	31	treinta y uno

EXPANSIÓN GRAMATICAL

Interrogative words:

» **¿Cuánto, cuánta, cuántos, cuántas** + noun? *How much? / How many?*
¿Cuántos años tienes? How (many years) old are you?

» **¿Cuál, cuáles** + verb? *What?*
¿Cuál es tu comida favorita? What is your favorite food?

» **¿Qué** + verb/noun? *What?*
¿Qué haces? What do you do?
¿Qué hora es? What time is it?

» **¿Dónde** + verb? *Where?*
¿Dónde vives? Where do you live?

>> **¿Cómo** + verb? *How?*
  ¿Cómo estás? How are you?

>> **¿Quién** + verb? *Who?*
  ¿Quién es esa muchacha? Who is that girl?

UNIDAD	2

GENDER AND NUMBER OF NOUNS AND ADJECTIVES

Singular	
Masculine	**Feminine**
−o	**−a**
el bolígraf**o**	**la** cámar**a**

Plural
Masculine/Feminine

Termina en vocal: +**s**	Termina en consonante: +**es**	Termina en z: −**ces**
Ends in a vowel: +s	*Ends in a consonant: +es*	*End in a z: -ces*
mesa / mesa**s**	actor / actor**es**	lápiz / lápi**ces**

>> **Feminine forms of adjectives**
  – Adjectives that end in −**o** change to −**a**: *blanc**o** / blanc**a**.*
  – Adjectives that end in −**e**, no change: *elegante.*
  – Adjectives that end in a consonant, no change: *fácil.*
  – Nationalites that end in a consonant, add −**a**: *franc**és** / franc**esa**.*

>> **Plural forms of nouns and adjectives**
  – Words that end in a vowel, add −**s**: *moren**o** / moren**os.***
  – Words that end in a consonant, add −**es**: *jove**n** / jóven**es**.*

AGREEMENT

Singular			
Masculine	**Feminine**	**Masculine/Feminine**	
−o	**−a**	**−e**	**−consonante**
el carro bonit**o**	**la silla** bonit**a**	**el carro** grand**e** **la silla** grand**e**	**el carro** azul **la silla** azul
los carros bonit**os**	**las sillas** bonit**as**	**los carros** grand**es** **las sillas** grand**es**	**los carros** azul**es** **las sillas** azul**es**

EXPANSIÓN GRAMATICAL

>> Generally, nouns with the following endings are masculine:
  −**o:** *el libr**o**, el ded**o**, el diner**o**, el vas**o**, el bolígraf**o**...*
  −**aje:** *el pais**aje**, el vi**aje**, el gar**aje**, el equip**aje**, el pe**aje**...*
  −**an:** *el pl**an**, el p**an**...*
  −**or:** *el pint**or**, el am**or**, el dol**or**, el err**or**, el señ**or**, el televis**or**, el ordenad**or**...*

>> Generally, nouns with the following endings are feminine:
  −**a:** *la mes**a**, la cas**a**, la caj**a**, la crem**a**, la niñ**a**, la chaquet**a**, la sop**a**...*
  −**dad**, −**tad**, −**ción**, −**sión:** *la e**dad**, la ciu**dad**, la ver**dad**, la ami**stad**, la can**ción**, la traduc**ción**, la televi**sión**, la deci**sión**, la expre**sión**...*

>> Exceptions:
  – ***El** problema, **el** día, **el** mapa, **el** diploma.*
  – ***La** mano, **la** radio.*

PRESENT TENSE OF REGULAR *–AR* VERBS AND *ESTAR*

	HABLAR	ESTAR (IRREGULAR)
yo	hablo	estoy
tú	hablas	estás
usted/él/ella	habla	está
nosotros/as	hablamos	estamos
vosotros/as	habláis	estáis
ustedes/ellos/ellas	hablan	están

EXPANSIÓN GRAMATICAL

Uses of the present tense:

» To talk about habitual actions that you and others generally do (or don't do).
  *Todos los días **me levanto** a las siete y media.* *Every day, I get up at seven thirty.*

» To express an ongoing action.
  *Andy y Carmen **viven** en Cartagena.* *Andy and Carmen live (are living) in Cartagena.*

» To describe or define.
  ***Tiene** dos dormitorios, cocina, baño y salón.* *It has two bedrooms, a kitchen, bath and living room.*
  *"Casa" es el lugar donde **vivimos**.* *Home is the place where we live.*

UNIDAD	3

PRESENT TENSE OF REGULAR *–ER* AND *–IR* VERBS

	COMER	VIVIR
yo	como	vivo
tú	comes	vives
usted/él/ella	come	vive
nosotros/as	comemos	vivimos
vosotros/as	coméis	vivís
ustedes/ellos/ellas	comen	viven

POSSESSIVE ADJECTIVES

	Singular		Plural	
	Masculine	Feminine	Masculine	Feminine
my	**mi** carro	**mi** casa	**mis** carros	**mis** casas
your	**tu** carro	**tu** casa	**tus** carros	**tus** casas
his/her/your (for.)	**su** carro	**su** casa	**sus** carros	**sus** casas
our	**nuestro** carro	**nuestra** casa	**nuestros** carros	**nuestras** casas
your (pl., Spain)	**vuestro** carro	**vuestra** casa	**vuestros** carros	**vuestras** casas
their/your (pl.)	**su** carro	**su** casa	**sus** carros	**sus** casas

DEMONSTRATIVE ADJECTIVES

Location of speaker	Singular		Plural		Neuter	
	Masculine	**Feminine**	**Masculine**	**Feminine**		
aquí *here*	este	esta	estos	estas	esto	*this, these*
ahí *there*	ese	esa	esos	esas	eso	*that, those*
allí *over there*	aquel	aquella	aquellos	aquellas	aquello	*that (over there), those (over there)*

» **Este**, **esta**, **estos**, **estas**, and **esto** refer to a person or thing that is next to the speaker. They correspond to the adverb **aquí**.
   Este *es mi celular. This is my cell phone.*

» **Ese**, **esa**, **esos**, **esas**, and **eso** refer to a person or thing that is near the speaker. They correspond to the adverb **ahí**.
   Esas *botas son de Luis. Those boots are Luis's.*

» **Aquel**, **aquella**, **aquellos**, **aquellas**, and **aquello** refer to a person or thing that is farther away from the speaker. They correspond to the adverb **allí**.
   Aquella *bicicleta es de mi primo. That bicycle over there is my cousin's.*

Aquella bicicleta es de mi primo.

Esas botas son de Luis.

Este es mi celular.

» Demonstrative pronouns
   ● *¡Hola, Encarna! ¿Cómo estás? Hi, Encarna! How are you?*
   ● *Muy bien, gracias. Mira,* **esta** *es Manuela, mi hermana. Fine, thanks. This is Manuela, my sister.*
   ● *¿Te gustan estos tomates? Do you like these tomatoes?*
   ● *No, me gustan* **aquellos**. *No, I like those (over there).*

» Neuter pronouns
   ● *¿Qué es* **esto**? *What is this?*
   ● *Es una lámpara. It's a lamp.*

   ● *¿Qué es* **eso**? *What is that?*
   ● *Es un celular. It's a cell phone.*

   ● *¿Qué es* **aquello**? *What is that (over there)?*
   ● *Son unas zapatillas. They're sneakers.*

STEM-CHANGING VERBS

	ENTENDER	VOLVER	PEDIR
	E ▶ IE	O ▶ UE	E ▶ I
yo	ent**ie**ndo	v**ue**lvo	p**i**do
tú	ent**ie**ndes	v**ue**lves	p**i**des
usted/él/ella	ent**ie**nde	v**ue**lve	p**i**de
nosotros/as	entendemos	volvemos	pedimos
vosotros/as	entendéis	volvéis	pedís
ustedes/ellos/ellas	ent**ie**nden	v**ue**lven	p**i**den

EXPANSIÓN GRAMATICAL

Other stem-changing verbs in Spanish:

>> **e ▶ ie**:
- cerrar *(to close)* cierro, cierras... / cerramos
- comenzar *(to begin, start)* comienzo, comienzas... / comenzamos
- despertarse *(to wake up)* me despierto, te despiertas... / nos despertamos
- divertirse *(to have fun)* me divierto, te diviertes... / nos divertimos
- empezar *(to begin, start)* empiezo, empiezas... / empezamos
- encender *(to turn on)* enciendo, enciendes... / encendemos
- mentir *(to lie)* miento, mientes... / mentimos
- querer *(to want)* quiero, quieres... / queremos
- recomendar *(to recommend)* recomiendo, recomiendas... / recomendamos
- sentarse *(to sit down)* me siento, te sientas... / nos sentamos
- sentirse *(to feel emotion)* me siento, te sientes... / nos sentimos

>> **o ▶ ue**:
- acordarse *(to remember)* me acuerdo, te acuerdas... / nos acordamos
- acostarse *(to go to bed)* me acuesto, te acuestas... / nos acostamos
- contar *(to count)* cuento, cuentas... / contamos
- llover *(to rain)* llueve
- morir *(to die)* muero, mueres... / morimos
- probar *(to try, to taste)* pruebo, pruebas... / probamos
- resolver *(to resolve)* resuelvo, resuelves... / resolvemos
- soñar *(to dream)* sueño, sueñas... / soñamos
- volar *(to fly)* vuelo, vuelas... / volamos

>> **e ▶ i**:
- despedirse *(to say good-bye)* me despido, te despides... / nos despedimos
- repetir *(to repeat)* repito, repites... / repetimos
- vestirse *(to get dressed)* me visto, te vistes... / nos vestimos

VERBS *HACER* AND *SALIR*

	HACER	SALIR
yo	**hago**	**salgo**
tú	haces	sales
usted/él/ella	hace	sale
nosotros/as	hacemos	salimos
vosotros/as	hacéis	salís
ustedes/ellos/ellas	hacen	salen

EXPANSIÓN GRAMATICAL

Other verbs with irregular **yo** forms:

- caer *(to fall)* **caigo**
- estar *(to be)* **estoy**
- tener *(to come)* **tengo**
- venir *(to have)* **vengo**
- traer *(to bring)* **traigo**
- poner *(to put, to place)* **pongo**

REFLEXIVE VERBS

	LEVANTARSE
yo	**me** levanto
tú	**te** levantas
usted/él/ella	**se** levanta
nosotros/as	**nos** levantamos
vosotros/as	**os** levantáis
ustedes/ellos/ellas	**se** levantan

INDIRECT OBJECT PRONOUNS

yo	(a mí)	**me**	*(to me, for me)*
tú	(a ti)	**te**	*(to you, for you)*
usted/él/ella	(a usted/él/ella)	**le**	*(to you/him/her, for you/him/her)*
nosotros/as	(a nosotros/as)	**nos**	*(to us, for us)*
vosotros/as	(a vosotros/as)	**os**	*(to you, for you, Spain)*
ustedes/ellos/ellas	(a ustedes/ellos/ellas)	**les**	*(to you pl./them, for you pl./them)*

VERBS *GUSTAR, ENCANTAR* AND *DOLER*

A mí		me	**encanta(n)**	ø
A ti		te		
A usted/él/ella		le		muchísimo
A nosotros/as	(no)	nos	**gusta(n)**	mucho
A vosotros/as		os		bastante
A ustedes/ellos/ellas		les		un poco
				(nada)

» The verb **doler** (o ▶ ue) follows the same pattern.

SHOWING AGREEMENT AND DISAGREEMENT

» Use **también** and **tampoco** to agree with what a person says.

» Use **sí** and **no** to disagree with what a person says.

● *Yo tengo carro.*
● ***Yo, también**.*

● *Este año no voy a ir de vacaciones.*
● ***Nosotros, tampoco.**

● *A mí me encanta ir a la playa por la tarde.*
● ***A mí, también.**

● *No me gustan los gatos.*
● ***A mí, tampoco.**

● *Yo tengo carro.*
● ***Yo, no.**

● *Este año no voy de vacaciones.*
● ***Nosotros, sí.**

● *A mí me encanta ir a la playa por la tarde.*
● ***A mí, no.**

● *No me gustan los gatos.*
● ***A mí, sí.**

USES OF *SER* AND *ESTAR*

SER	ESTAR
» Use **ser** to describe a characteristic of a person, place, or thing. *María **es** una muchacha muy divertida.* *Los leones **son** animales salvajes.*	» Use **estar** to describe a person's mood or feelings. *Hoy **estoy** muy cansado.* ***Estamos** nerviosos por el examen.*

EXPANSIÓN GRAMATICAL

SER

>> To identify a person or thing.
La muchacha a la derecha **es** *María.* *The girl on the right is Maria.*

>> To express an opinion or judgment.
Es *bueno estudiar.* *It's good to study.*

>> To indicate where an event takes place.
¿Dónde **es** *la fiesta de fin de curso?* *Where is the end of the year party?*

>> To express origin.
Señores, ¿ustedes **son** *de Zaragoza?* *Gentlemen, are you from Zaragoza?*

>> To indicate possession.
Es *de mi madre.* *It's my mother's. (It belongs to my mother.)*

>> To express time.
Son *las tres y cuarto de la tarde.* *It's quarter past three in the afternoon.*

ESTAR

>> To express location.
Estoy *aquí.* *I'm here.*
Mi casa **está** *cerca del centro.* *My house is close to downtown.*

>> To express an opinion.
No **estoy** *de acuerdo contigo.* *I don't agree with you.*

>> To say how you and others are feeling.
Mi abuela **está** *bien.* *My grandmother is fine (well).*

UNIDAD **6**

HAY / ESTÁ(N)

EXISTENCE

>> Use **hay** to talk or ask about what there is/are. **Hay** is invariable.
En mi clase **hay** *muchos libros.*
In my class, there are many books.

hay + **un, una, unos, unas** + noun

LOCATION

>> Use **estar** to talk or ask about where people or things are located.
Los libros **están** *en la estantería.*
The books are in the bookcase.

el, la, los, las + noun + **está(n)**

IRREGULAR VERBS

	IR	SEGUIR	JUGAR	CONOCER
yo	**voy**	**sigo**	ju**e**go	cono**zco**
tú	**vas**	s**i**gues	ju**e**gas	conoces
usted/él/ella	**va**	s**i**gue	ju**e**ga	conoce
nosotros/as	**vamos**	seguimos	jugamos	conocemos
vosotros/as	**vais**	seguís	jugáis	conocéis
ustedes/ellos/ellas	**van**	s**i**guen	ju**e**gan	conocen

EXPANSIÓN GRAMATICAL

» Other verbs with **–zc** in the yo form:
- agradecer *(to be grateful)* **agradezco**
- conducir *(to drive)* **conduzco**
- producir *(to produce)* **produzco**
- traducir *(to translate)* **traduzco**

» Other verbs with **–gu ▶ g** in the **yo** form:
- conseguir *(to attain, to get)* **consigo**
- distinguir *(to distinguish)* **distingo**

PREPOSITIONS *A, EN, DE*

Preposition	Use...	
en	with modes of **transportation**	*Viajamos **en** tren. We travel by train.*
a	to express **destination**	*Voy **a** Florida. I'm going to Florida.*
de	to express **origin** or point of **departure**	*Salgo **de** Miami. I'm leaving from Miami.*

DIRECT OBJECT PRONOUNS

me
te
lo/la
nos
os
los/las

- ● *¿Tienes el libro de Matemáticas?* Do you have the math book?
- ● *Sí, **lo** tengo en mi casa.* Yes, I have it at home.

- ● *¿Quién compra la tarta de cumpleaños?* Who is buying the birthday cake?
- ● ***La** compramos nosotros.* We are buying it.

ADVERBS OF QUANTITY

To express how much	
Action Verbs	**demasiado ▶** *Luis trabaja **demasiado**. Luis works too much.*
	mucho ▶ *Ana viaja **mucho**. Ana travels a lot.*
	bastante ▶ *Pedro estudia **bastante**. Pedro studies a lot.*
	poco ▶ *Luis estudia **poco**. Luis doesn't study much.*

MUY/MUCHO

MUY	MUCHO

» **Muy** is invariable and can be used before adjectives to express *very*.
*Él/ella es **muy** inteligente. He/she is very intelligent.*
*Ellos/ellas son **muy** inteligentes. They are very intelligent.*

» And before adverbs to express *how*.
*Él/ella habla **muy** despacio. He/She speaks slowly.*
*Ellos/ellas hablan **muy** despacio. They speak slowly.*

» Use **mucho** after a verb to express *how much*. As an adverb, it does not change form.
*Juan come **mucho**. Juan eats a lot.*

» Use **mucho** before a noun to express *how many*. Here it functions as an adjective and must agree with the noun in number and gender.
*Juan lee **muchos** libros. Juan reads many books.*
*Hay **mucha** gente. There are many people.*
*María tiene **muchos** amigos. Maria has many friends.*

EXPRESSING OBLIGATION

HAY QUE + INFINITIVE

» To express obligation or what is necessary for all.

Hay que hacer la tarea.

TENER QUE + INFINITIVE

» To express obligation or a need for a particular person.

Tengo que estudiar mucho para Ciencias.

DEBER + INFINITIVE

» To express obligation in terms of making a recommendation or giving advice.

Si tienes hambre, **debes comer** algo.

TALKING ABOUT FUTURE PLANS AND HAPPENINGS

IR A + INFINITIVE

» Saying what you and others are going to do. **Voy a ir** al cine con mis amigos.

» Describing what is going to happen. Hay nubes en el cielo, **va a llover**.

» With time expressions. Esta tarde **voy a jugar** al tenis.

COMPARATIVES (WITH ADJECTIVES AND ADVERBS)

» **más... que**   ▶ Julián es **más** rápido **que** Pedro.   more... than...

» **menos... que** ▶ Pedro camina **menos** lento **que** Julián.   less... than...

» **tan... como** ▶ Julián es **tan** divertido **como** Pedro.   as... as...

EXPANSIÓN GRAMATICAL

To compare quantities (with nouns):

» **más... que**   ▶ Julián tiene **más** tiempo libre **que** Pedro. Julián has more free time than Pedro.

» **menos... que** ▶ Julián tiene **menos** tiempo libre **que** Pedro. Julián has less free time than Pedro.

» **tanto/a/os/as... como** ▶ Julián tiene **tanto** tiempo libre **como** Pedro. Julián has as much free time as Pedro.

To compare actions (with verbs):

» **... más que** ▶ Julián estudia **más que** Pedro. Julián studies more than Pedro.

» **... menos que** ▶ Julián habla **menos que** Pedro. Julián talks less than Pedro.

» **... tanto como** ▶ Julián come **tanto como** Pedro. Julián eats as much as Pedro.

PRETERIT (REGULAR VERBS)

	-AR VIAJAR	-ER COMER	-IR VIVIR
yo	viaj**é**	com**í**	viv**í**
tú	viaj**aste**	com**iste**	viv**iste**
usted/él/ella	viaj**ó**	com**ió**	viv**ió**
nosotros/as	viaj**amos**	com**imos**	viv**imos**
vosotros/as	viaj**asteis**	com**isteis**	viv**isteis**
ustedes/ellos/ellas	viaj**aron**	com**ieron**	viv**ieron**

» Use the preterit to talk about specific actions that began and ended at a fixed point in the past.
   *Ayer por la tarde **estudié** en la biblioteca.*
   *La semana pasada **comí** en casa de mis abuelos.*

» The preterit is often used with the following time expressions:
   – **ayer** (por la mañana / al mediodía / por la tarde / por la noche)
   – **anteayer** / **antes de ayer**
   – **anoche**
   – **el otro día**
   – **la semana pasada** / **el mes pasado** / **el lunes pasado** / **el sábado pasado**
   – **hace** dos meses
   – **en** enero (del año pasado / de hace dos años)
   – **el** veinticinco de septiembre de 1982

VOLVER A + INFINITIVE

» Use **volver a** + infinitive to express an action that is repeated, that is being done again.
   *Cristóbal Colón viajó a América en 1492 y **volvió a viajar** allí varias veces más.*
   *Después de tres años, **volví a visitar** el pueblo de mis abuelos.*
   *El próximo curso **vuelvo a estudiar** francés en el instituto.*

PRETERIT (IRREGULAR VERBS)

» Only –**ir** verbs that change stem in the present will change stem in the preterit. Stem-changing verbs that end in –**ar** and –**er** do not change stem in the preterit.

	PEDIR E ▶ I	DORMIR O ▶ U	CONSTRUIR I ▶ Y
yo	pedí	dormí	construí
tú	pediste	dormiste	construiste
usted/él/ella	p**i**dió	d**u**rmió	constru**y**ó
nosotros/as	pedimos	dormimos	construimos
vosotros/as	pedisteis	dormisteis	construisteis
ustedes/ellos/ellas	p**i**dieron	d**u**rmieron	constru**y**eron

Other stem-changing verbs in the preterit:

» e ▶ i:
- div**e**rtirse ▶ *se div**i**rtió, se div**i**rtieron*
- m**e**ntir ▶ *m**i**ntió, m**i**ntieron*
- s**e**ntir ▶ *s**i**ntió, s**i**ntieron*
- p**e**dir ▶ *p**i**dió, p**i**dieron*
- m**e**dir ▶ *m**i**dió, m**i**dieron*
- r**e**ír ▶ *r**i**o, r**i**eron*
- desp**e**dir ▶ *desp**i**dió, desp**i**dieron*
- el**e**gir ▶ *el**i**gió, el**i**gieron*
- imp**e**dir ▶ *imp**i**dió, imp**i**dieron*
- rep**e**tir ▶ *rep**i**tió, rep**i**tieron*
- s**e**guir ▶ *s**i**guió, s**i**guieron*

» o ▶ u:
- m**o**rir ▶ *m**u**rió, m**u**rieron*

» i ▶ y:
- constru**i**r ▶ *constru**y**ó, constru**y**eron*
- o**í**r ▶ *o**y**ó, o**y**eron*
- cre**e**r ▶ *cre**y**ó, cre**y**eron*
- ca**e**r ▶ *ca**y**ó, ca**y**eron*
- sustitu**i**r ▶ *sustitu**y**ó, sustitu**y**eron*
- le**e**r ▶ *le**y**ó, le**y**eron*

IRREGULAR VERBS IN THE PRETERIT

	SER / IR	DAR
yo	**fui**	**di**
tú	**fuiste**	**diste**
usted/él/ella	**fue**	**dio**
nosotros/as	**fuimos**	**dimos**
vosotros/as	**fuisteis**	**disteis**
ustedes/ellos/ellas	**fueron**	**dieron**

VERBS WITH IRREGULAR STEMS

estar ▶	**estuv–**	saber ▶	**sup–**	**e**	
andar ▶	**anduv–**	caber ▶	**cup–**	**iste**	
tener ▶	**tuv–**	venir ▶	**vin–**	**o**	
haber ▶	**hub–**	querer ▶	**quis–**	**imos**	
poder ▶	**pud–**	hacer ▶	**hic/z–**	**isteis**	
poner ▶	**pus–**	decir ▶	**dij–**	**ieron**	

- hacer, él ▶ hi**z**o
- decir, ellos ▶ di**j**eron

TIME EXPRESSIONS USED WITH THE PRETERIT

» To talk about an action that started in the past:
- **Antes de** + llegar / salir / empezar…
- Años / días / meses + **más tarde**…
- **A** los dos meses / **a las** tres semanas…
- **Al cabo de** + un mes /dos años…
- **Al** año / **a la** mañana + **siguiente**…
- Un día / mes / año + **después**…

  Antes de salir de casa, agarré las llaves.

  Empecé a leer un libro y al cabo de dos horas lo terminé.

» To talk about the duration of an action:
- **De… a / Desde… hasta**

  *Estuve estudiando español **desde** las cinco **hasta** las ocho.*
- **Durante**

  *Estuve estudiando español **durante** tres horas.*

» To talk about the end of an action:
- **Hasta** (que)

  *Estudié español **hasta que** cumplí dieciocho años y viajé a España.*

LONG FORM POSSESSIVES

	Singular		Plural		
	Masculine	**Feminine**	**Masculine**	**Feminine**	
yo	mío	mía	míos	mías	*my, (of) mine*
tú	tuyo	tuya	tuyos	tuyas	*your, (of) yours*
usted/él/ella	suyo	suya	suyos	suyas	*your/his/her, (of) yours/his/hers*
nosotros/as	nuestro	nuestra	nuestros	nuestras	*our, (of) ours*
vosotros/as	vuestro	vuestra	vuestros	vuestras	*your, (of) yours (Spain)*
ustedes/ellos/ellas	suyo	suya	suyos	suyas	*your/their, (of) yours/theirs*

» Long form possessives always follow the noun. They also function as pronouns.

- *Es un error **tuyo**.* (adjective)
- *¿**Mío**?* (pronoun)
- *Sí, **tuyo**.* (pronoun)

EXPANSIÓN GRAMATICAL

	Singular		Plural		
	Masculine	**Feminine**	**Masculine**	**Feminine**	
yo	**mi** carro	**mi** casa	**mis** carros	**mis** casas	*my*
tú	**tu** carro	**tu** casa	**tus** carros	**tus** casas	*your*
usted/él/ella	**su** carro	**su** casa	**sus** carros	**sus** casas	*your, his, her*
nosotros/as	**nuestro** carro	**nuestra** casa	**nuestros** carros	**nuestras** casas	*our*
vosotros/as	**vuestro** carro	**vuestra** casa	**vuestros** carros	**vuestras** casas	*your (Spain)*
ustedes/ellos/ellas	**su** carro	**su** casa	**sus** carros	**sus** casas	*your, their*

UNIDAD 10

NUMBERS (100-999)

100	cien	400	cuatrocientos	700	setecientos
101	ciento uno	415	cuatrocientos quince	720	setecientos veinte
200	doscientos	500	quinientos	800	ochocientos
202	doscientos dos	526	quinientos veintiséis	897	ochocientos noventa y siete
300	trescientos	600	seiscientos	899	ochocientos noventa y nueve
303	trescientos tres	669	seiscientos sesenta y nueve	900	novecientos

SER AND ESTAR

» Use the verb **ser** to talk about:
- what a person or a thing is:
  *Madrid **es** una ciudad.*
- physical characteristics:
  *Isaac **es** guapísimo.*
- what an object is made of:
  *La mesa **es** de madera.*
- what a person or an object is like:
  *Carmen **es** muy simpática.*
- someone's nationality:
  *Carlo **es** italiano.*
- what time it is:
  ***Son** las tres de la tarde.*
- someone's profession:
  *Francisco **es** profesor.*

>> Use the verb **estar** to talk about:

– where a person or an object is located: *Javi no **está** en casa.*
*La Puerta del Sol **está** en Madrid.*
*Mi casa **está** lejos de la escuela.*

– temporary situations or conditions: *Laura **está** enferma.*
*Luis **está** muy triste.*
*La biblioteca **está** cerrada los fines de semana.*

>> Some adjectives in Spanish change meaning when used with **ser** or **estar**.

ADJECTIVE	SER	ESTAR
aburrido/a	*Ese libro es aburrido.* *That book is boring.*	*Estoy aburrido.* *I am bored.*
abierto/a	*Soy una persona abierta.* *I am a sincere, candid person.*	*La tienda está abierta.* *The store is open.*
listo/a	*¡Qué listo eres!* *You are so smart!*	*Ya estoy listo, vámonos.* *I'm ready, let's go.*
malo/a	*Ese gato no es malo.* *That cat is not bad/evil.*	*Ese gato está malo.* *That cat is sick.*
rico/a	*Carlos Slim tiene mucho dinero, es muy rico.* *Carlos Slim has a lot of money. He's very rich.*	*¡Las arepas que preparaste están muy ricas!* *The arepas you prepared taste great!*

PRESENT PROGRESSIVE TENSE

>> Use **estar** + present participle to express an action in progress or the continuity of an action.
To form the present participle:

Verbs in **–ar** ▶ **–ando**
Verbs in **–er** / **–ir** ▶ **–iendo**

trabaj-ar ▶ trabaj**ando**
corr-er ▶ corr**iendo**
escrib-ir ▶ escrib**iendo**

Irregular present participles:

dormir ▶ **durmiendo**   leer ▶ **leyendo**   oí ▶ **oyendo**   pedir ▶ **pidiendo**

INFORMAL COMMANDS

>> Use the imperative verb form for **tú** when you want to give a command, to tell someone to do something, or to give advice and suggestions.

>> To form the affirmative **tú** command, drop the **–s** from the present-tense form of **tú**.

INFINITIVE		AFFIRMATIVE *TÚ* COMMANDS
habl**ar**	**habla**	▶ *Habla más lentamente.* Speak more slowly.
com**er**	**come**	▶ *Come despacio.* Eat slowly.
escrib**ir**	**escribe**	▶ *Escribe la carta.* Write the letter.
empezar (e ▶ ie)	**empieza**	▶ *Empieza la tarea.* Start the homework.
dormir (o ▶ ue)	**duerme**	▶ *Duerme bien.* Sleep well.
seguir (e ▶ i)	**sigue**	▶ *Sigue las direcciones.* Follow the directions.

>> The following verbs have irregular **tú** commands in the affirmative:

Infinitive	oír	tener	venir	salir	ser	poner	hacer	decir	ir
Imperative	**oye**	**ten**	**ven**	**sal**	**sé**	**pon**	**haz**	**di**	**ve**

POR QUÉ / PORQUE

>> Use **por qué** to ask the question why:

● *¿**Por qué** estudias español?*

>> Use **porque** to answer and explain why:

● *(Estudio español) **porque** me gusta mucho.*

IMPERFECT

>> Regular verbs:

	-AR	-ER	-IR
	HABLAR	**COMER**	**VIVIR**
yo	habl**aba**	com**ía**	viv**ía**
tú	habl**abas**	com**ías**	viv**ías**
usted/él/ella	habl**aba**	com**ía**	viv**ía**
nosotros/as	habl**ábamos**	com**íamos**	viv**íamos**
vosotros/as	habl**abais**	com**íais**	viv**íais**
ustedes/ellos/ellas	habl**aban**	com**ían**	viv**ían**

>> Irregular verbs:

	SER	VER	IR
yo	**era**	**veía**	**iba**
tú	**eras**	**veías**	**ibas**
usted/él/ella	**era**	**veía**	**iba**
nosotros/as	**éramos**	**veíamos**	**íbamos**
vosotros/as	**erais**	**veíais**	**ibais**
ustedes/ellos/ellas	**eran**	**veían**	**iban**

>> Use the imperfect tense for the following:
  – To refer to actions in the past that occurred repeatedly.
     *Antes **salíamos** todos los fines de semana.*
  – To describe people or circumstances in the past.
     *Mi abuelo **era** muy trabajador.*
  – To "set the stage" for an event that occurred in the past.
     *Aquella tarde yo **estaba leyendo** en el parque cuando empezó a llover.*

>> The imperfect form of **hay** is **había**.

>> The imperfect is often used with the following time expressions:

Antes *me gustaba mucho el chocolate, ahora no.*
De pequeño / De joven *jugaba mucho con mis amigos.*

Entonces *la vida en España era diferente.*
Cuando *estudiaba en la universidad, no salía mucho.*

SUPERLATIVE

» The **superlative** is used to express most and least as degrees of comparison among three or more people or things.

| el/la/los/las | + | noun / Ø | + | **más** / **menos** | + | adjective | + | **de** + noun / **que** + verb |

*Mis sobrinas son **las** niñas **más** guapas **de** la familia.*
*Este restaurante es **el más** caro **de** la ciudad.*

*Este camino es **el menos** conocido **de** la zona.*
*Eres **la** persona **más** curiosa **que** conozco.*

» To express the idea of extremely, add –**ísimo/a/os/as** to the adjective.

Adjetivo masculino singular
Adverbio] **+ ísimo/a/os/as**

EXPANSIÓN GRAMATICAL

» Rules for adding to adjectives and adverbs:

Adjectives and adverbs ending in a vowel	▶	Drop the vowel and add: –**ísimo** *último* ▶ *ultim**ísimo*** *grande* ▶ *grand**ísimo***
Adjectives and adverbs ending in a consonant	▶	Add: –**ísimo** *fácil* ▶ *facil**ísimo*** *difícil* ▶ *dificil**ísimo***
Adverbs ending in –mente	▶	Add –**ísimo** to the adjective and then add –**mente**: *rápida**mente*** ▶ *rapid* ▶ *rapid**ísimamente***

» Irregular forms:

| bueno / bien | ▶ | **óptimo/a** | grande | ▶ | **máximo/a** | alto | ▶ | **supremo/a** |
| malo / mal | ▶ | **pésimo/a** | pequeño | ▶ | **mínimo/a** | bajo | ▶ | **ínfimo/a** |

*Creo que es una solución **pésima**.*
*En estos casos, el director tiene la **máxima** responsabilidad.*
*En realidad es de una calidad **ínfima**, por eso no me gusta.*

PRESENT PERFECT

» The present perfect is formed with the present tense of **haber** and the past participle of the main verb.

yo	**he**	
tú	**has**	
usted/él/ella	**ha**	visit**ado** (–ar verbs)
nosotros/as	**hemos**	com**ido** (–er verbs)
vosotros/as	**habéis**	viv**ido** (–ir verbs)
ustedes/ellos/ellas	**han**	

Irregular past participles			
morir	▶ **muerto**	escribir ▶	**escrito**
abrir	▶ **abierto**	ver ▶	**visto**
poner	▶ **puesto**	hacer ▶	**hecho**
decir	▶ **dicho**	volver ▶	**vuelto**
romper	▶ **roto**		

>> Use the present perfect to talk about actions that have taken place in the past but are connected with the present.

*Esta semana **he tenido** que estudiar mucho.*   *Este año **he ido** a la playa.*

>> The present perfect is often used with the following time expressions:
- **este** fin de semana / mes / verano / año…
- **esta** mañana / tarde / semana…
- **estas** navidades / semanas…
- **estos** días / meses…
- **hace** un rato / un momento / diez minutos…
- **ya**…
- **todavía no**…

DIRECT AND INDIRECT OBJECT PRONOUNS

	Direct object pronouns	Indirect object pronouns
yo	me	me
tú	te	te
usted/él/ella	lo/la	le (se)
nosotros/as	nos	nos
vosotros/as	os	os
ustedes/ellos/ellas	los/las	les (se)

*He agarrado las llaves y **las** he metido en el bolso.*
***Le** he dicho a Javier la verdad.*

>> When two object pronouns are used in a sentence, the order is always: indirect object + direct object.

- *¿Dónde me has dejado mi libro?* *Where did you leave me my book?*
- ***Te lo** he dejado encima de la mesa.*
  <u>a ti</u> <u>el libro</u>

>> When **le/les** comes before **lo/la/los/las**, it changes to **se**:

le/les + lo/la/lo/las = **se** + lo/la/lo/las

(El libro, a él) ~~***Le lo***~~ *he dejado encima de la mesa.* ▶ ***Se lo** he dejado encima de la mesa.*

>> Object pronouns are placed before the conjugated verb.
***Me lo** ha contado Carolina.*

>> Object pronouns are attached to commands, infinitives, and present participles.
*Cuénta**melo**.*
*Va a contár**melo**.*
*Está contándo**melo**.*

INDEFINITE PRONOUNS

People	Things	People and things
alguien	algo	alguno/a/os/as
nadie	nada	ninguno/a

- *¿**Alguien** ha visto mi libro?*
- *No, **nadie**.*

- *¿Quieres **algo** de comer?*
- *No quiero **nada**, gracias.*

- *¿**Algún** muchacho es de Francia?*
- ***Ninguno**. Pero **algunos** de mis amigos hablan francés.*

INDEFINITE ADJECTIVES

People and things
algún/alguna/os/as
ningún/ninguna

Ningunos / ningunas
are not used as adjectives

- No hay **ningún** muchacho de Francia.
- Tengo **algunos** libros que te van a gustar.

CONTRAST OF THE IMPERFECT AND THE PRETERIT

THE IMPERFECT

>> Use the imperfect to describe ongoing or habitual actions in the past.

*Aquel día **llovía** mucho.*
*Antes yo siempre **iba** a la playa de vacaciones.*

>> The imperfect is often used with the following time expressions:

- **todos los** días / años / veranos…
- **antes**
- **siempre**
- **a menudo**
- **muchas veces**
- **a veces**

***Todos los veranos** íbamos de camping.*
***Antes** era más común escribir cartas.*

THE PRETERIT

>> Use the preterit to talk about specific actions that began and ended at a fixed point in the past.

*Ayer **fui** en bici a clase.*
*El año pasado **fui** de vacaciones a Ibiza.*

>> The preterit is often used with the following time expressions:

- la semana / primavera… **pasada**
- el fin de semana / año / mes… **pasado**
- **hace** tres días / dos años…
- **ayer** / **anoche** / **el otro día**…
- **en** verano / otoño / 1980…
- **una vez**…

***Ayer** vimos una peli muy buena.*
***El otro día** no fui a clase.*
***En marzo** viajé a Bélgica.*

USING THE PRETERIT, IMPERFECT, AND PRESENT PERFECT

PRETERIT

>> Use the preterit tense to **talk about specific actions** that began and ended at a fixed point in the past.

*Ayer **fui** en bici a clase.*
*El año pasado **fui** de vacaciones a Ibiza.*

IMPERFECT

>> Use the imperfect to **describe** ongoing or habitual actions in the past.

*Aquel día **llovía** mucho.*
*Antes yo siempre **iba** a la playa de vacaciones.*

PRESENT PERFECT

» Use the present perfect **to say** what a person **has done**. You generally use it in the same way you use its English equivalent.

*Últimamente **he tenido** que estudiar mucho.*   *Este año **he ido** a Ibiza.*

SOLER + INFINITIVE

» Use **soler** + infinitive to talk about habitual actions and what people tend to do.

*Yo **suelo** ir en autobús al instituto, pero a veces, cuando hace calor, voy en bici.* (present)
*Antes **solía** comer en el instituto, pero ahora como en casa de mis abuelos.* (imperfect)

UNIDAD	**14**	

THE FUTURE TENSE

» Regular verbs:

	-AR **VIAJAR**	-ER **COMER**	-IR **VIVIR**
yo	viajar**é**	comer**é**	vivir**é**
tú	viajar**ás**	comer**ás**	vivir**ás**
usted/él/ella	viajar**á**	comer**á**	vivir**á**
nosotros/as	viajar**emos**	comer**emos**	vivir**emos**
vosotros/as	viajar**éis**	comer**éis**	vivir**éis**
ustedes/ellos/ellas	viajar**án**	comer**án**	vivir**án**

» Irregular verbs:

poder ▶	**podr–**	tener ▶	**tendr–**	hacer ▶	**har–**	**–é**
salir ▶	**saldr–**	poner ▶	**pondr–**	decir ▶	**dir–**	**–ás**
caber ▶	**cabr–**	venir ▶	**vendr–**			**–á**
haber ▶	**habr–**	valer ▶	**valdr–**			**–emos**
saber ▶	**sabr–**					**–éis**
querer ▶	**querr–**					**–án**

» The future is often used with the following temporal expressions:

– El año / mes / la semana / primavera **que viene**   – **El/la próximo/a** semana / mes / año
– **Dentro de** dos años / un rato / unos días   – **Mañana / Pasado mañana**

SI + PRESENT + FUTURE

» To talk about future actions that will occur if a certain condition is met, use the following:

– **Si** + **present** + **future**
Si   no llueve,   iremos a la playa.

AFFIRMATIVE COMMANDS

» Affirmative commands are used to give an order, to invite, give advice, make recommendations, or give permission to someone.

» Verbs ending in –**ar** will use the –**e**/–**en** endings in **usted** and **ustedes** commands. Verbs ending in –**er**/–**ir** will use the –**a**/–**an** endings in **usted** and **ustedes** commands.

» Regular verbs:

	COMPRAR	COMER	SUBIR
tú	compra	come	sube
usted	compre	coma	suba
ustedes	compren	coman	suban

» Irregular verbs:

	DECIR	HACER	PONER	TENER
tú	di	haz	pon	ten
usted	diga	haga	ponga	tenga
ustedes	digan	hagan	pongan	tengan

AFFIRMATIVE COMMANDS + PRONOUNS

» Direct, indirect, and reflexive pronouns are attached to affirmative commands to form one word.

Pon el queso en la nevera. ▶ ***Ponlo***.
Dime el secreto. ▶ ***Dímelo***.

EXPANSIÓN GRAMATICAL

» Other irregular verbs:

	VENIR	IR	SER	SALIR
tú	ven	ve	sé	sal
usted	venga	vaya	sea	salga
ustedes	vengan	vayan	sean	salgan

» Stem-changing verbs in the command form maintain their stem change:

	CERRAR E ▶ IE	DORMIR O ▶ UE	JUGAR U ▶ UE	PEDIR E ▶ I	CONSTRUIR I ▶ Y
tú	cierra	duerme	juega	pide	construye
usted	cierre	duerma	juegue	pida	construya
ustedes	cierren	duerman	jueguen	pidan	construyan

NEGATIVE COMMANDS

>> Negative commands are used to tell someone what not to do.

>> To form the negative commands:
 – For **usted**/**ustedes**, use the same form as the affirmative command.

   (usted) compre ▶ **no compre**   (ustedes) compren ▶ **no compren**

 – For **tú**, add –**s** to the negative command of **usted**.

   (usted) no compre ▶ (tú) **no compres**

>> Regular verbs:

	COMPRAR	COMER	SUBIR
tú	no compr**es**	no com**as**	no sub**as**
usted	no compr**e**	no com**a**	no sub**a**
ustedes	no compr**en**	no com**an**	no sub**an**

>> Irregular verbs:

	DECIR	HACER	PONER	TENER
tú	no **digas**	no **hagas**	no **pongas**	no **tengas**
usted	no **diga**	no **haga**	no **ponga**	no **tenga**
ustedes	no **digan**	no **hagan**	no **pongan**	no **tengan**

NEGATIVE COMMANDS + PRONOUNS

>> Direct, indirect, and reflexive pronouns are placed before negative commands.

   No **lo** pongas en la estantería.
   No **se lo** digas a nadie.

EXPANSIÓN GRAMATICAL

>> Other irregular verbs:

	VENIR	IR	SER	SALIR
tú	no **vengas**	no **vayas**	no **seas**	no **salgas**
usted	no **venga**	no **vaya**	no **sea**	no **salga**
ustedes	no **vengan**	no **vayan**	no **sean**	no **salgan**

>> Stem-changing verbs in the command form maintain their stem change:

	CERRAR E ▶ IE	DORMIR O ▶ UE	JUGAR U ▶ UE	PEDIR E ▶ I	CONSTRUIR I ▶ Y
tú	no c**ie**rres	no d**ue**rmas	no j**ue**gues	no p**i**das	no constru**y**as
usted	no c**ie**rre	no d**ue**rma	no j**ue**gue	no p**i**da	no constru**y**a
ustedes	no c**ie**rren	no d**ue**rman	no j**ue**guen	no p**i**dan	no constru**y**an

PLUPERFECT (PAST PERFECT)

» The pluperfect is formed with the imperfect of **haber** + past participle of the verb.

yo	**había**		
tú	**habías**		
usted/él/ella	**había**	–**ado** (–ar verbs)	lleg**ado**
nosotros/as	**habíamos**	–**ido** (–er / –ir verbs)	com**ido**
vosotros/as	**habíais**		viv**ido**
ustedes/ellos/ellas	**habían**		

Irregular past participles					
abrir	▶	**abierto**	escribir	▶	**escrito**
hacer	▶	**hecho**	ver	▶	**visto**
decir	▶	**dicho**	poner	▶	**puesto**
romper	▶	**roto**	volver	▶	**vuelto**

EXPANSIÓN GRAMATICAL

» Uses:
  – To talk about an action that ended before another past action. Note the use of **todavía** and **ya**:
    *Cuando llegué al cine la película no **había comenzado** todavía / la película todavía no **había comenzado**.*
    (Llegué al cine a las ocho menos cinco, la película comenzó a las ocho)
    *Cuando llegué al cine la película **había comenzado** ya / la película ya **había comenzado**.*
    (Llegué al cine a las ocho y cinco y la película comenzó a las ocho)

  – To talk about an action that took place before another past action, but with a sense of immediacy:
    *Le compré un juguete y al día siguiente ya lo **había roto**.*
    *Para mi cumpleaños me regalaron una novela y a la semana siguiente ya la **había leído**.*

  – To talk about an action that we had never done before. Note the use of **nunca** and **nunca antes**:
    *Nunca / Nunca antes **había estado** aquí / No **había estado** aquí nunca / nunca antes.*
    *Nunca / Nunca antes **habíamos viajado** en globo / No **habíamos viajado** en globo nunca / nunca antes.*

  – To ask if a person had ever done something before. Note the use of **antes** and **alguna vez**:
    *¿**Habías estado** en Madrid alguna vez / antes?*
    *¿**Habías estado** alguna vez / antes en Madrid?*

CONDITIONAL TENSE

» Regular verbs:

	HABLAR	COMER	ESCRIBIR
yo	hablar**ía**	comer**ía**	escribir**ía**
tú	hablar**ías**	comer**ías**	escribir**ías**
usted/él/ella	hablar**ía**	comer**ía**	escribir**ía**
nosotros/as	hablar**íamos**	comer**íamos**	escribir**íamos**
vosotros/as	hablar**íais**	comer**íais**	escribir**íais**
ustedes/ellos/ellas	hablar**ían**	comer**ían**	escribir**ían**

>> Irregular verbs:

caber	▶ **cabr–**	tener	▶ **tendr–**	hacer	▶ **har–**		**ía**
haber	▶ **habr–**	poder	▶ **podr–**	decir	▶ **dir–**		**ías**
saber	▶ **sabr–**	poner	▶ **pondr–**			+	**ía**
querer	▶ **querr–**	venir	▶ **vendr–**				**íamos**
		salir	▶ **saldr–**				**íais**
		valer	▶ **valdr–**				**ían**

>> Uses:

– To **give advice** or recommendations:

*Yo / yo que tú / yo en tu lugar le **diría** la verdad, seguro que lo entiende.*

***Deberías** comer menos dulces, no son muy saludables.*

***Podrías** presentarte al casting para el programa de baile, lo haces muy bien.*

– To **ask for permission** and favors:

*¿Te **importaría** acercarme la chaqueta? Es que yo no alcanzo.*

– To express **probability** or **hypothesize** in the past:

***Tendría** veinte años cuando empezó a cantar.*

UNIDAD **17**

PRESENT SUBJUNCTIVE

>> Regular verbs:

To form the present subjunctive, start with the **yo** form of the present indicative, drop the **o** and switch to the opposite endings. For **–ar** verbs use: **–e**, **–es**, **–e**, **–emos**, **–éis**, **–en**. For **–er** / **–ir** verbs use: **–a**, **–as**, **–a**, **–amos**, **–áis**, **–an**.

	HABLAR	COMER	ESCRIBIR
yo	habl**e**	com**a**	escrib**a**
tú	habl**es**	com**as**	escrib**as**
usted/él/ella	habl**e**	com**a**	escrib**a**
nosotros/as	habl**emos**	com**amos**	escrib**amos**
vosotros/as	habl**éis**	com**áis**	escrib**áis**
ustedes/ellos/ellas	habl**en**	com**an**	escrib**an**

>> Irregular verbs:

Almost all verbs that are irregular in the present indicative will be irregular in the present subjunctive.

Stem-changing verbs

	QUERER	VOLVER	JUGAR	PEDIR
	E ▶ IE	O ▶ UE	U ▶ UE	E ▶ I (in all forms)
yo	qu**ie**ra	v**ue**lva	ju**e**gue	p**i**da
tú	qu**ie**ras	v**ue**lvas	ju**e**gues	p**i**das
usted/él/ella	qu**ie**ra	v**ue**lva	ju**e**gue	p**i**da
nosotros/as	queramos	volvamos	juguemos	p**i**damos
vosotros/as	queráis	volváis	juguéis	p**i**dáis
ustedes/ellos/ellas	qu**ie**ran	v**ue**lvan	ju**e**guen	p**i**dan

>> The verbs **dormir** and **morir** have two stem changes in the present subjunctive: **o ▶ ue** and **o ▶ u**:
- duerma, duermas, duerma, durmamos, durmáis, duerman.
- muera, mueras, muera, muramos, muráis, mueran.

Verbs with irregular *yo* forms

poner ▶	**pong–**	traer ▶	**traig–**	–a	
tener ▶	**teng–**	hacer ▶	**hag–**	–as	
salir ▶	**salg–**	caer ▶	**caig–**	–a	
venir ▶	**veng–**	construir ▶	**construy–**	–amos	
decir ▶	**dig–**	conocer ▶	**conozc–**	–áis	
				–an	

Verbs that are completely irregular

HABER	IR	SABER	ESTAR	SER	VER	DAR
haya	vaya	sepa	esté	sea	vea	dé
hayas	vayas	sepas	estés	seas	veas	des
haya	vaya	sepa	esté	sea	vea	dé
hayamos	vayamos	sepamos	estemos	seamos	veamos	demos
hayáis	vayáis	sepáis	estéis	seáis	veáis	deis
hayan	vayan	sepan	estén	sean	vean	den

>> Uses:

- To express **wishes** or **desires**. If there is only one subject in the sentence, use an infinitive. If there are different subjects, use the subjunctive:

    (Yo) Quiero (yo) **hablar** *contigo. / (Yo) Quiero que (nosotros)* **hablemos**.
    (Yo) Espero (yo) **verte** *pronto. / (Yo) Espero que (nosotros) nos* **veamos** *pronto.*

- To express **purpose** or **goals in the future**. If there is only one subject in the sentence or a subject that is not specified, use an infinitive. If there are different subjects, use the subjunctive:

    He hecho una tortilla para **cenar**. */ He hecho una tortilla para que* **cenen** *los niños.*

- To express **future actions** after **adverbial conjunctions**:
    - *¿Cuándo volverá Ana?*
    - *Cuando* **salga** *de trabajar.*

EXPANSIÓN GRAMATICAL

>> Other verbs with irregular forms in the subjunctive:

E ▶ IE (except in the **nosotros** and **vosotros** forms)					
cerrar ▶	ci**e**rre	encender ▶	enc**ie**nda	mentir ▶	m**ie**nta
comenzar ▶	com**ie**nce	encerrar ▶	enc**ie**rre	querer ▶	qu**ie**ra
despertarse ▶	se desp**ie**rte	entender ▶	ent**ie**nda	recomendar ▶	recom**ie**nde
divertirse ▶	se div**ie**rta	gobernar ▶	gob**ie**rne	sentarse ▶	se s**ie**nte
empezar ▶	emp**ie**ce	manifestar ▶	manif**ie**ste	sentir ▶	s**ie**nta

O ▶ UE (except in the nosotros and vosotros forms)				E ▶ I (in all forms)	
acordarse ▶ se ac**ue**rde		rogar ▶ r**ue**gue		competir ▶ comp**i**ta	
acostarse ▶ se ac**ue**ste		soler ▶ s**ue**la		despedir ▶ desp**i**da	
contar ▶ c**ue**nte		sonar ▶ s**ue**ne		despedirse ▶ se desp**i**da	
llover ▶ ll**ue**va		soñar ▶ s**ue**ñe		impedir ▶ imp**i**da	
probar ▶ pr**ue**be		volar ▶ v**ue**le		medir ▶ m**i**da	
resolver ▶ res**ue**lva		volver ▶ v**ue**lva		repetir ▶ rep**i**ta	

EXPRESSING FEELINGS AND EMOTIONS

» To express changing moods and feelings use the following structures:

– Verb **estar** + adjective + **con** + noun.
Mi hermana está muy contenta con su profesora de música.

– Verb **estar** + adjective + **de** + infinitive (If the subject of both verbs is the same.)
Estamos encantadas de asistir al estreno de la nueva película de Mario Casas.

– Verb **estar** + adjective + **de que** + subjunctive (If the subject of both verbs is different.)
Estoy encantada de que te quedes unos días más con nosotros.

– Verbs **ponerse**, **sentirse** o **estar** + adjective + **cuando** / **si** + indicative.
Yo me pongo furioso cuando dejo un libro y no me lo devuelven.
Yo me siento mal si veo una noticia triste.

» Other verbs:

	+ noun
– **Odiar**	*Odio los lunes.*
– **No soportar**	+ infinitive (same subject)
– **No aguantar**	*No soporto madrugar.*
– **Adorar**	+ **que** + subjunctive (different subjects)
	No aguanto que me empujen en el metro.

» Verbs like **gustar**:

– **Me**, **te**, **le**, **nos**… + **da rabia**, **pone alegre/s**, **molesta** + infinitive
(If the person experiencing the emotion and carrying out the action is the same.)
A mí me da vergüenza hablar en público.

– **Me**, **te**, **le**, **nos**… + **da rabia**, **pone alegre/s**, **molesta** + **que** + subjunctive
(If the person experiencing the emotion and the person carrying out the action are different.)
A mí me da rabia que la gente toque los cuadros en los museos.

– Remember that adjectives must agree with the subject in number and gender.
*A mi **madre** le pone **enferma** que no recoja mi habitación.*

EXPRESSING OPINIONS

» To **ask for an opinion**:

– **¿Qué piensas / crees / opinas de / sobre…?**
¿Qué piensas de este periódico?

– **¿(A ti) qué te parece…?**
¿A ti qué te parece lo que está pasando con la organización de la fiesta?

– **En tu opinión / Desde tu punto de vista / Según tú** + question.

Desde tu punto de vista, ¿cuál es el anuncio más inteligente?

» To **give an opinion**:

– **En mi opinión / Desde mi punto de vista…**

En mi opinión, el blog no es muy interesante.

– **Me parece que / Creo que / Pienso que** + indicative.

Me parece que la marca es muy importante.

– **No me parece que / No creo que** + present subjunctive.

No me parece que la marca sea tan importante.

» To show agreement and disagreement:

– **(No) estoy a favor de**	+ noun
– **(No) estoy en contra de**	+ infinitive (same subject)
– **(No) estoy (del todo) de acuerdo con**	+ que + present subjunctive (different subjects)

No estoy de acuerdo con todo tipo de anuncios.

Estoy en contra de ser manipulado por la publicidad.

Estoy a favor de que nos pidan opinión antes de vendernos sus productos.

» Other ways to express:

AGREEMENT	SOFTEN A DISAGREEMENT	DISAGREEMENT
– Sí, claro.	– Yo no diría eso…	– ¡No, no!
– ¡Desde luego!	– Tienes razón, pero…	– ¡No, de ninguna manera!
– ¡Claro, claro!	– Sí, es una idea interesante, pero por otra parte…	– ¡Qué va!
– Yo pienso lo mismo que tú.	– A mi modo de ver, ese no es el problema / el tema…	– ¡(Pero) qué dices! (coloquial)
– Por supuesto.	– Lo que pasa es que…	– ¡Anda ya! (coloquial)
– ¡Y que lo digas! (coloquial)		

MAKING VALUE JUDGEMENTS

» To **ask**:

– ¿**Te parece bien / mal** /… + noun / infinitive / **que** + present subjunctive?

¿Te parece mal el sueldo de un publicista?

¿Te parece bien poder usar buscadores para hacer trabajos de clase?

¿Te parece una tontería que los publicistas ganen mucho dinero?

» To **respond**:

– **Me parece bien / mal**	
– **Me parece / Es triste / increíble / cómico…**	
– **Me parece / Es una tontería / una vergüenza…**	+ **que** + present subjunctive
– **Es bueno / malo**	

Es increíble que se gasten tanto en anunciar sus productos.

Me parece bien que se entienda como una inversión y no como un gasto.

Creo que es una tontería que siempre veas los anuncios.

– **Está claro**	
---	+ **que** + indicative
– **Es obvio / verdad**	

Está claro que la publicidad es creación.

– ¡**Qué** + **bien** / **interesante**… + sentence!

¡Qué interesante este artículo!

¡Qué bien poder compartir tanta información a través de Facebook!

¡Qué guay que nuestro instituto tenga una página web!

INDIRECT SPEECH

» To repeat information use verbs like **decir**, **comentar** or **confesar** in the present or present perfect tenses:

"Eres lo mejor de mi vida". ▶ *Dice / Ha dicho **que soy** lo mejor de **su** vida.*

"Estuve aquí comiendo con Pedro". ▶ *Dice / Ha dicho **que estuvo allí** comiendo con Pedro.*

"Cree que tenemos este libro". ▶ *Dice / Ha dicho **que** cree que **tienen ese** libro.*

» While the verb tenses in these cases do not change, other changes will take place in the following:

– Subject pronouns

*"**Yo** quiero ir".* ▶ *Dice que **él/ella** quiere ir.*

*"**Tú** quieres hablar siempre".* ▶ *Dice que **yo** quiero hablar siempre.*

– Demonstrative adjectives and pronouns

*"**Te** daré **este** libro".* ▶ *Dice que **me** dará **ese** libro.*

» When repeating questions, use the interrogative word in the question (**cómo**, **dónde**, **qué**, **cuándo**…) or **preguntar** + **si** (for questions without interrogatives):

"¿Han hecho la tarea?". ▶ *El profesor nos ha preguntado si hemos hecho la tarea.*

"¿Cuándo van a hacer la tarea?". ▶ *El profesor nos ha preguntado cuándo vamos a hacer la tarea.*

HYPOTHETICAL EXPRESSIONS WITH THE INDICATIVE AND SUBJUNCTIVE

– **Creo / me parece que**		
– **Me imagino / supongo que**	+ indicative	*Creo que ese modelo de celular **es** uno de los mejores.*
– **Para mí / yo diría que**		

– **A lo mejor / lo mismo / igual** + indicative

*Igual **es** un problema de tu compañía.*

– **Probablemente / posiblemente / seguramente / quizás / tal vez** + indicative / subjunctive

*Quizás la compañía se **pone** / **ponga** en contacto conmigo después de mi reclamación.*

– **Es posible / es probable / puede** (**ser**) + **que** + subjunctive

*Puede que mi teléfono **tenga** algún defecto de fábrica, me lo compré hace poco y no me dura nada la batería.*

» We can also express probability with the following verb tenses:

– Present ▶ Future
- *¿Sabes dónde está Javier?*
- *No sé, **estará** todavía en el metro.*

– Preterit ▶ Conditional
- *¿Sabes cómo vino ayer a clase?*
- *No lo sé. **Vendría** andando.*

» We use the imperfect subjunctive in if-clauses to express actions that are contrary to fact, meaning the actions are purely hypothetical and did not occur.

» Forms of the imperfect subjunctive:

Preterit of **ellos**, drop –**ron**, add endings:		-AR / -ER / -IR		IRREGULARS	
–ra	**–ramos**	viajar ▶	viajaron	tener ▶	**tuvieron**
–ras	**–rais**	beber ▶	bebieron	ser ▶	**fueron**
–ra	**–ran**	vivir ▶	vivieron	poder ▶	**pudieron**

	-AR / -ER / -IR	IRREGULARS
yo	viaja**ra**, bebie**ra**, vivie**ra**	tuvie**ra**, fue**ra**, pudie**ra**
tú	viaja**ras**, bebie**ras**, vivie**ras**	tuvie**ras**, fue**ras,** pudie**ras**
usted/él/ella	viaja**ra**, bebie**ra**, vivie**ra**	tuvie**ra**, fue**ra**, pudie**ra**
nosotros/as	viajá**ramos**, bebié**ramos**, vivié**ramos**	tuvié**ramos**, fué**ramos**, pudié**ramos**
vosotros/as	viaja**rais**, bebie**rais**, vivie**rais**	tuvie**rais**, fue**rais**, pudie**rais**
ustedes/ellos/ellas	viaja**ran**, bebie**ran**, vivie**ran**	tuvie**ran**, fue**ran**, pudie**ran**

» Contrary-to-fact statements have the following constructions:

Si + imperfect subjuntive, conditional.

Si viajara a España, visitaría Madrid y Barcelona.

Conditional + **si** + imperfect subjunctive.

Comería muchos tacos si viajara a México.

GLOSARIO

a, al (6)	to, to the (masculine)
a continuación (18)	following
a la derecha de (6)	to the right of
a la izquierda de (6)	to the left of
a la plancha (16)	grilled
a lo mejor (18)	maybe
A mí, también. (5)	Me too.
A mí, tampoco. (5)	Me neither.
¿A qué hora…? (4)	At what time…?
¿A que no sabes…? (13)	I bet you don't know…
abierto/a (10)	candid, open
abierto/a (3)	outgoing
Abran los libros (en la página…), por favor. (0)	Open your books (to page …). please.
(el) abrigo (3)	coat
abrir (3)	to open
(la) abuela (3)	grandmother
(el) abuelo (3)	grandfather
aburridísimo (12)	extremely boring
aburrido/a (2, 3, 10, 11)	boring / bored
(el) aceite de girasol (16)	sunflower oil
(el) aceite de oliva (16)	olive oil
aceptar (15)	to accept
acompañado/a (10)	accompanied
aconsejar (18)	to advise
acordarse de (o>ue) (13)	to remember
acostarse (o>ue) (4)	to go to bed
actividades de ocio (12)	leisure activities
actividades de ocio y tiempo libre (5)	free time activities
(el) actor /(la) actriz (1)	actor / actress
actualizar (9)	to update
actualizar estado (8)	to update the status
actuar (9)	to act, to play
Adiós. (1)	Good-bye.
adoro (17)	I adore
agarrar (13)	to catch, to grab
agradable (8)	nice, pleasant
agregar a un amigo a Facebook (8)	to add a friend on Facebook
¿Ah, sí? (13)	Seriously?
ahora (7)	now
ahorrar (14)	to save
al cabo de (9)	after, after a while
al lado de (6)	next to
(el) albergue (8)	inn, hostel

(el) alcalde / (la) alcaldesa (14)	mayor
alcanzar (9)	to reach
alegre (5)	happy
algo (12)	something
alguien (12)	someone, somebody
alguna vez (12)	ever
alguno/a/os/as (12)	some, any
alimentos (5)	foods
aliñar (16)	to dress (salad)
almorzar (o>ue) (4)	to have lunch
¿Aló? (10)	Hello (when answering the telephone)
(el) alojamiento (12)	lodging
alojar(se) (8)	to stay (at a hotel)
alto/a (3)	tall
amable (3)	friendly
amar (2)	to love
amarillo (2)	yellow
(el/la) amigo/a (1)	friend
anaranjado / naranja (2)	orange
¡Anda ya! (11, 13)	Come on, no way!
andar (9)	to walk (around)
(la) anécdota (13)	anecdote, story
anoche (8)	last night
antes (11)	before
antes de (9)	before (doing something)
antipático/a (3)	disagreeable
(el) anuncio (9)	ad / comercial
añadir (16)	to add
(el) aparato (18)	mechanical device
aprender (3)	to learn
(el) armario (2)	closet
(la) arroba (18)	at, @
(el) arroz (5)	rice
(el) Arte (2)	art
(el) artículo (9)	article
(las) asignaturas (2)	school subjects
asistir (3)	to attend
(la) aspiradora (15)	vacuum cleaner
aumentar (8, 9)	to grow, to increase
(el) autobús (6)	bus
(el) autor (13)	author
(el) avión (6)	airplane
ayer (8)	yesterday
ayer por la mañana / tarde (8)	yesterday morning / afternoon
(la) ayuda desinteresada (17)	selfless aid

(el) azúcar (16)	sugar
azul (2, 3)	blue

bailar (2)	to dance
bajar (8)	to go down
bajo cero (7)	below zero
bajo/a (3)	short
(el) balón (15)	ball
(el) baloncesto / (el) básquetbol (2)	basketball
(el) balonmano (15)	handball
(el) banco (6)	bank
(la) bandeja de entrada (18)	inbox
(la) bandeja de salida (18)	outbox
bañarse (8)	to take a bath, to go for a swim
(la) bañera (2)	bathtub
barato/a (6)	inexpensive
(la) barba (3)	beard
(el) barco (6)	ship
(la) barra (18)	slash
barrer (15)	to sweep
bastante (5, 6)	enough, well enough
(la) basura (14, 15)	garbage, trash
(la) batería (18)	battery
beber (3)	to drink
(el) béisbol (2)	baseball
(la) berenjena (16)	eggplant
bienvenidos (0)	welcome
(el) bigote (3)	mustache
(el) billete / boleto (8)	ticket
(el) billete de avión (8)	plane ticket
(los) binoculares (8)	binoculars
(la) Biología (2)	biology
(el) bistec (16)	steak
(el) bizcocho (16)	cake
blanco (2)	white
(el) bolígrafo (0)	pen
(el/la) bombero/a (4)	firefighter
bonito/a (2)	beautiful, pretty
(el) borrador (0)	eraser
(el) borrador (18)	draft
(la) bota (3)	boot
botar (15)	to bounce, to throw away
(el) brazo (5)	arm
bromista (11)	jokester

(la) brújula (12)	compass	
Buenas noches. (1)	Good evening / night.	
Buenas tardes. (1)	Good afternoon.	
¿Bueno? (10)	Hello (when answering the telephone)	
Buenos días. (1)	Good morning.	
(la) bufanda (3)	scarf	
buscar (8)	to look for	

C

(la) cabeza (5)	head
caer(se) (i>y) (13)	to fall
(el) calabacín (16)	zucchini
(el) calcetín (3)	sock
(el) calendario (18)	calendar
(el) calentamiento global (14)	global warming
callado/a (11)	quiet
(la) calle (2)	street
caluroso/a (7)	hot
calvo/a (3)	bald
(la) cama (2)	bed
(la) cámara (2)	camera
(la) cámara digital (8)	digital camera
caminar (2)	to walk
(la) camisa (3)	shirt
(la) camiseta (3)	t-shirt
(la) campaña (14)	campaign
(la) campaña de sensibilización (17)	awareness campaign
(el) campo (15)	field
(el) canal (9)	channel / network
(la) cancha (15)	court
(el/la) candidato/a (14)	candidate
(el/la) cantante (1)	singer
cantar (2)	to sing
(la) caña de pescar (8)	fishing pole
(las) características (11)	characteristics
(el) cargador (18)	charger
cargar el teléfono (18)	to charge the phone
cariñoso/a (11)	affectionate
(la) carne (2, 5, 16)	meat
(la) carne picada (16)	ground beef
(la) carnicería (10)	meat department / butcher shop
caro/a (6)	expensive
(la) carpeta (0)	folder, binder
(la) carpeta de búsqueda (18)	search folder
(las) cartas formales (18)	formal letters

(el) cartón (14)	cardboard
(la) casa y los muebles (2)	house and furniture
casar(se) (13)	to marry
(el) casco antiguo (8)	old town
castaño/a (3)	light brown
castigar (14)	to punish
(la) catástrofe natural (17)	natural disaster
(las) cebollas (5)	onions
(el) celular (18)	cell phone
cenar (4)	to have dinner
(el) centro (2)	downtown
(el) centro comercial (6)	shopping center, mall
cerca de (6)	close to, near
(las) cerezas (16)	cherries
cerrar (e>ie) (4)	to close
(las) chanclas (7)	flip flops
(la) chaqueta (3)	jacket
chatear con amigos (5)	to chat (online) with friends
chileno/a (1)	Chilean
chino/a (1)	Chinese
(el) chorizo (16)	Spanish-style sausage
(la) chuleta de cerdo (16)	pork chop
chutar (15)	to shoot
(las) Ciencias (2)	science
Cierren los libros. (0)	Close your books.
(el) cine (6)	movie theater
(el) cine (4)	movies
(el) cinturón (3)	belt
(la) ciudad (2)	city
Claro que sí. (15)	Of course.
claros (3)	light color
(la) clase (0)	class
cocer (16)	to boil, cook
(la) cocina (2)	kitchen
(el/la) cocinero/a (4)	cook
(los) colores (2)	colors
combatir (14)	to fight, to combat
comentar (18)	to comment
comer (3)	to eat
(el) comercio justo (17)	fair trade
(la) comida (2)	food
cómo (2)	how
¿Cómo? (13)	What do you mean?
¿Cómo / Qué tal te ha ido? (12)	How was it?
¿Cómo / Qué tal te lo has pasado? (12)	Did you have a good time?
¿Cómo está? (1)	How do you do? (formal)

¿Cómo se dice… en español? (0)	How do you say… in Spanish?
¿Cómo se escribe… en español? (0)	How do you spell… in Spanish?
¿Cómo te llamas? (1)	What's your name?
¿Cómo va a pagar? (10)	How are you paying?
(la) cómoda (2)	chest of drawers
cómodo/a (6)	comfortable
comprar (2, 9)	to buy
¿Comprenden? (0)	Do you understand?
(la) computación (2)	computer science
(la) computadora (0)	computer
conceder (15)	to grant
(el) concurso (9)	game show
confesar (e>ie) (18)	to confess
(el) conflicto bélico (17)	armed conflict
congelar (16)	to freeze
(el) Congreso de los Diputados (14)	Congress
conocer (6, 8)	to know, to meet, to be familiar with
(el) consumidor (10)	consumer
consumir (14)	to consume
(el) consumo responsable (14)	ethical consumerism
(los) contactos (18)	contact list
(la) contaminación (14)	pollution
contaminante (6)	contaminant, pollutant
contar (12)	to tell, to count
contento/a (5)	cheerful
convertirse (e>ie) (13)	to change into, to become
(la) corbata (3)	tie
(el) cordial saludo (18)	kind regards
Cordialmente (18)	kind regards, best wishes
coreano/a (1)	Korean
(el) correo no deseado (18)	spam / junk mail
cortar (18)	to cut, drop (as in a call)
corto (3)	short
crecer (8)	to grow (things), to grow up (people)
Creo que… (2, 14)	I believe that…
(el) cuaderno (0)	notebook
cuál (2)	which one
¿Cuál es tu opinión sobre…? (11)	What is your opinion about…?
cuando (11, 17)	when

¿Cuándo es tu cumpleaños? (1)	When is your birthday?	decir la hora (4)	to tell time	difícil (2)	difficult
cuánto (2)	how much	(el) dedo (5)	finger	¿Dígame? (10)	Hello (when answering the telephone)
¿Cuánto cuesta? (2, 10)	How much does it cost?	defender (e>ie) (17)	to defend	(la) dirección (18)	address
¿Cuánto es? (10)	How much is it?	(la) deforestación (14)	deforestation	(los) discapacitados (17)	handicapped people
¡Cuánto llueve! (7)	It's really raining!	dejar (12)	to leave, to lend	(las) disculpas (18)	apologies
¡Cuánto lo siento! (13)	You don't know how sorry I am!	dejar (13)	to leave (something) behind	discutir (3)	to argue
cuántos (2)	how many	dejar (16)	to allow	diseñar (14)	to design
¿Cuántos años tienes? (1)	How old are you?	dejar de + infinitivo (16)	to quit, to stop doing something	disfrutar (14)	to enjoy
(el) cuarto de baño (2)	bathroom	dejar un mensaje (10)	to leave a message	disfrutar de (8)	to enjoy doing something
cubano/a (1)	Cuban	del mediodía (4)	noon	Distinguido/a señor/a (18)	Dear Sir/Madam
(el) cuello (5)	neck	delante de (6)	in front of	divertidísimo (12)	hilarious
(la) cuenta (10)	the check	delgado/a (3)	thin	divertido/a (2, 3, 11)	fun, funny
Cuenta, cuenta… (13)	Tell me, tell me…	demasiado (6)	too much	divertirse (e>ie) (9)	to have fun
(el) cuento (13)	tale	denegar (15)	to refuse	doblar la ropa (15)	to fold clothes
(el) cuerpo de la noticia (9)	main body text	dentro de (6)	inside	(el) documental (9)	documentary
cuidar (4)	to take care of	dentro de + (periodo de tiempo) (14)	within a (period of time)	doler (o>ue) (5)	to hurt
		dentro de un rato (14)	in a moment	(el) domingo (4)	Sunday
D		(los) deportes (2, 15)	sports	dominicano/a (1)	Dominican
dar (9)	to give	(los) derechos humanos (17)	human rights	(el) donativo (17)	donation
dar la voluntad (17)	to give (an amount) at your descretion	desatender (17)	to neglect	dónde (2)	where
dar permiso (15)	to give permission	desayunar (4)	to have breakfast	¿Dónde vives? (1)	Where do you live?
de, del (6)	from, from the (masculine)	descansar (2)	to rest	dormido/a (10)	asleep
de… a (9)	from…to	(las) descripciones (2, 3, 6, 7, 10, 12, 16)	descriptions	dormir (o>ue) (4)	to sleep
de buen humor (5)	in a good mood	descubrir (8)	to discover	(el) dormitorio (2)	bedroom
de dónde (2)	from where	desde (9)	since, from	dos puntos (18)	colon
¿De dónde eres? (1)	Where are you from?	desde… hasta (9)	since, from… to	dos veces (12)	twice, two times
de joven (11)	as a youngster	Desde luego. (15)	Of course.	(la) ducha (2)	shower
de la mañana (4)	a.m.	desde… a (9)	from…to	ducharse (4)	to shower
de la medianoche (4)	midnight	desear (17)	to wish, desire	(los) dulces (5, 16)	candies, sweets
de la noche (4)	p.m.	(los) desechos (14)	trash, waste	durante (9)	during, for
de la tarde (4)	p.m.	(el) deshielo (14)	melting, thawing	durar (18)	to last
de mal humor (5)	in a bad mood	desnatado/a (16)	skimmed		
de miedo (12)	awesome	(la) despedida (18)	closing (of a letter)	**E**	
¡De ninguna manera! (15)	No way!	(las) despedidas (1)	farewells	ecológico/a (6)	ecological
¿De parte de quién? (10)	Who is calling?	despertarse (e>ie) (4)	to wake up	(la) Economía (2)	economics
de pequeño/a (11)	as a child	despierto/a (10)	awake	ecuatoriano/a (1)	Ecuadorian
de rebajas (10)	on sale	después (9)	after, later	(el) edificio (2)	building
¿De verdad? (13)	Really? / Is that true?	(el) destinatario (18)	addressee, recipient of letter	(el) efecto invernadero (14)	greenhouse effect
debajo de (6)	under, below	(las) desventajas (10)	disadvantages	él (1)	he
deber (7)	should / must	detrás de (6)	behind	el / la (1)	the
Deberías… (16)	You should…	(el) diario (18)	diary	(las) elecciones (14)	elections
decir (7)	to say	(los) días de la semana (4)	days of the week	(el) electrodoméstico de bajo consumo (14)	energy-saving appliance
		(el) diccionario (0)	dictionary	(los) elementos eliminados (18)	deleted items

(los) elementos enviados (18)	sent ítems	escuchar (2)	to listen	**F**	
(el) elevador (12)	elevator	Escuchen con atención. (0)	Listen carefully.	(la) fábula (13)	fable
eliminar (14)	to eliminate	(la) escuela (2)	school	fácil (2)	easy
ella (1)	she	escurrir (16)	to drain	(la) falda (3)	skirt
ellas (1)	they (females)	(la) espalda (5)	back	(la) falta (15)	foul
ellos (1)	they (males or mixed)	(el) Español (2)	Spanish	(la) familia (3)	Family
emitir (9)	to broadcast	español/a (1)	Spanish (nationality)	(los) famosos (9)	famous people
emocionante (11)	exciting	(el) espejo (2)	mirror	fantástico/a (2)	fantastic
empezar (e>ie) (4, 8)	to start, begin	esperar (17)	to hope, to wait for	(la) farmacia (6)	pharmacy
en (6)	on	(las) espinacas (16)	spinach	fatal (8, 12)	awful
en cuanto (17)	as soon as	(la) esposa (3)	wife	favorito/a (2)	favorite
en efectivo (10)	in cash	(el) esposo (3)	husband	(la) fecha (18)	date
en el concierto (13)	in the concert	esquiar (12)	to ski	fenomenal (8)	fantastic
en el hotel (12)	in the hotel	está /están (0)	is/are located	feo/a (3)	unattractive
En espera de sus noticias. (18)	In anticipation of your response.	¿Está bien así? (0)	Is this right?	(el) fin de semana (4)	weekend
		Está claro (que)... (17)	It's clear (that)...	(la) finalidad (18)	purpose
en la tienda (10)	in the store	Está nublado. (7)	It is cloudy.	(la) financiación (17)	finance, funding
En mi opinión... (2)	In my opinion...	(la) estación de metro (6)	subway station	(la) firma (18)	signature
en punto (4)	sharp (with time)	(la) estación de tren (6)	train station	firmar (13)	to sign
¿En qué trabajas? (4)	What is your profession?	(las) estaciones del año (7)	seasons of the year	(la) Física (2)	physics
				flotar (15)	to float
Encantado/a. (1)	Delighted.	(los) estados de ánimo (5)	moods and feelings	(la) foto (fotografía) (2)	photo (photograph)
encantar (5)	to love			francés / francesa (1)	French
encima de (6)	on top of	Estamos a veinte grados. (7)	It's twenty degrees.	(los) frijoles (5, 16)	beans
(la) energía renovable (14)	renewable energy			frío/a (11)	cold, distant
		(la) estantería (2)	shelf	frito/a (16)	fried
enojarse (8)	to get angry	estar (2)	to be	(la) fruta (2, 16)	fruit
ensuciar (12)	to dirty	estar bien (2)	to be fine	(la) frutería (10)	fruit and vegetable store
entender (e>ie) (4)	to understand	estar contento/a (2)	to be happy	fuerte (3)	strong
entero/a (16)	whole	estar en forma (14)	to be in shape	(el) fútbol (2)	soccer
entonces (11)	then	estar enamorado/a de (16)	to be in love with	(el) fútbol americano (2)	football
(la) entrada (9)	introduction			(el/la) futbolista (1)	soccer player
(la) entrada (9)	ticket(for a movie, show)	estar enfermo/a (2)	to be sick		
entre (6)	between	estar ocupado/a (9)	to be busy	**G**	
entretenido/a (11)	entertaining, enjoyable	estar triste (2)	to be sad	gafas (3)	eyeglasses
(la) entrevista (9)	interview	Estimado/a señor/a (18)	Dear Sir/Madam	(los) garbanzos (16)	chick peas
entrevistar (9)	to interview	(el) estómago (5)	stomach	(el) gato (2)	cat
(el) envase (14)	container	estresado/a (11)	stressed	genial (2, 12)	great
enviar mensajes (18)	to send messages	estresante (11)	stressful	genial (8)	awesome
enviar un *e-mail* (18)	to send an e-mail	(el) estudiante (0)	student (male)	(el) gimnasio (6)	gym
Es la una. (4)	It's one o'clock.	(la) estudiante (0)	student (female)	girar (6)	to turn
Es obvio / verdad (que...) (17)	It's obvious / true (that...)	estudiar (2)	to study	(el) golf (2)	golf
		(la) estufa (2)	stove	golpear (15)	to hit
Es probable que... (18)	It's possible that...	estupendo (12)	amazing, wonderful,	gordo/a (3)	overweight
Es que... (16)	It's just that...	(la) etiqueta (14)	label	(la) gorra (3)	baseball cap
(el) escaparate (10)	shop window	(la) excursión (8)	tour trip, outing	(el) gorro (7)	knitted hat
(el) escenario (13)	stage	extender(se) (8)	to spread	(los) grados (7)	degrees
escribir (3)	to write	(el) extranjero (9)	abroad	grande (2, 3)	big
(el/la) escritor/a (1)	writer			(los) grandes almacenes (10)	department store

gris (2)	grey	
(el) grupo (13)	group	
(los) guantes (7)	gloves	
guapo/a (2, 3)	handsome / pretty, attractive	
guardar la ropa (15)	to store, put away clothes	
(el) guion (18)	hyphen	
(el) guion bajo (18)	underscore	
(los) guisantes (16)	peas	
gustar (5)	to like	

H

Ha sido sin querer. (13)	I didn't mean to.
(la) habitación (2)	room
(la) habitación doble (12)	double room
(la) habitación individual (12)	single room
hablador/a (3)	talkative
hablar (2)	to speak
Hace buen tiempo. (7)	The weather is nice.
Hace calor. (7)	It is hot.
hace dos días / años (8)	two days / years ago
Hace frío. (7)	It is cold.
Hace mal tiempo. (7)	The weather is bad.
Hace muchísimo frío / calor. (7)	It's extremely cold / hot.
Hace mucho frío / calor. (7)	It's very cold / hot.
Hace sol. (7)	It is sunny.
Hace un día muy bueno / malo. (7)	It's a nice / bad day.
Hace viento. (7)	It is windy.
hacer (4)	to do, to make
hacer buceo (12)	to dive
hacer ciclismo (5)	to bike
hacer clic (18)	to click
hacer conjeturas y promesas (14, 17)	to make assumptions and promises
hacer deporte (4)	to play sports
hacer esquí (5)	to ski
hacer fotos (5)	to take pictures
hacer judo (5)	to practice judo
hacer juicios de valor (17)	to make value judgements
hacer la cama (15)	to make the bed
hacer la comida (15)	to cook
hacer la compra (10)	to do the food shopping
hacer la tarea (4)	to do homework
hacer natación (5)	to practice swimming

hacer puenting (12)	to go bungee jumping
hacer senderismo (12)	to go hiking
hacer surf (12)	to surf
hacer yoga (5)	to practice yoga
hacerse (13)	to become (with professions)
(la) hamburguesa (5)	hamburger
hasta (que) (9)	until, till
Hasta luego. (1)	See you later.
Hasta pronto. (1)	See you soon.
hay (6)	there is, there are
(el) helado (5)	ice cream
herido/a (13)	hurt
(la) hermana (3)	sister
(el) hermano (3)	brother
(los) hermanos (3)	siblings
(el) hielo (7)	ice
(la) hija (3)	daughter
(el) hijo (3)	son
(los) hijos (3)	children
(la) Historia (2)	history
Hola, mi nombre es… (0)	Hi, my name is…
(el) horario (4)	schedule
(el) horno (2)	oven
(el) hospital (6)	hospital
(el) hotel (6)	hotel
hoy (7)	today
hubo (9)	there was
(los) huevos (5)	eggs

I

igual (18)	maybe
(el) impermeable (7, 8)	raincoat
importante (2)	important
impresionante (11)	impressive
impuntual (11)	perpetually late
(el) incendio (13)	fire
incómodo/a (6)	uncomfortable
¡Increíble! (13)	Incredible!, Unbelievable!
(los) indefinidos (12)	indefinite pronouns and adjectives
indiferente (11)	indifferent
indio/a (1)	Indian
inestable (7)	unstable
(la) Informática (2)	computer science
(el) informativo (9)	news brief
(el/la) ingeniero/a (1)	engineer
inglés / inglesa (1)	British

inteligente (3)	intelligent
interesante (2, 11)	interesting
interrogativos (2)	question words
inútil (11)	useless
(el) invierno (7)	winter
ir (6)	to go
ir a pie (6)	to go on foot
ir a un parque acuático (12)	to go to a water park
ir de camping (12)	to go camping
ir de compras (5, 10)	to go shopping
ir de excursión (7)	to go on an excursion or an outing
ir de vacaciones (6)	to go on vacation
ir de viaje (6)	to go on a trip
italiano/a (1)	Italian

J

japonés / japonesa (1)	Japanese
(los) jeans (3)	jeans
joven (3)	young
(el) jueves (4)	Thursday
jugar (6)	to play
jugar a los bolos (5)	to bowl, go bowling
jugar a los videojuegos (5)	to play videogames
jugar al ajedrez (12)	to play chess

K

(el) kiwi (16)	kiwi

L

(la) labor social (17)	social work
(las) labores humanitarias (17)	humanitarian relief
(los) lácteos (16)	dairy
lanzar (13, 15)	to throw
(el) lápiz (0)	pencil
largo (3)	long
(la) lata de aluminio (14)	aluminum can
(el) lavabo (2)	sink
(la) lavadora	washing machine
(el) lavaplatos	dishwasher
lavar (7)	to wash
lavar los platos (15)	to wash the dishes
(la) leche (5, 16)	milk
(el/la) lector/a (9)	reader
leer (3)	to read
(las) legumbres (16)	legumes
lejos de (6)	far from

(las) lentejas (16)	lentils	marrón (2, 3)	brown	(el) metro (6)	subway
(los) lentes	eyeglasses	martes (4)	Tuesday	mexicano/a (1)	Mexican
(los) lentes / (las) gafas de sol (7, 8)	sunglasses	(la) más arriesgada (12)	the most daring	(el) microondas (2)	microwave
		más o menos (12)	more or less	(el) miedo (12)	fear
lento/a (6)	slow	más tarde (9)	later	mientras (que) (17)	while
levantarse (4)	to get up	(la) mascota (2)	pet	(el) miércoles (4)	Wednesday
(la) leyenda (13)	legend	(las) Matemáticas (2)	math	Mira, este / esta es… (1)	Hey, this is…
(la) librería (6, 10)	bookstore	mayor (3)	old		
(la) limonada (5)	lemonade	me da(n) rabia / vergüenza / lástima (17)	(someone/something) infuriates me, embarrasses me, makes me feel pity	Mira, estos / estas son… (1)	Hey, these are…
limpiar el suelo (15)	to clean the floor				
(la) linterna (8)	flashlight			Mire, le presento a (al)… (1)	Look, I'd like to introduce you to…
liso (3)	straight				
listo/a (10)	smart, ready	¿Me dejas…? (16)	Will you allow me…?	Miren la pizarra. (0)	Look at the board.
(la) Literatura (2)	literature	me gustó mucho / bastante (8)	I liked it a lot/ quite a lot	(la) mochila	backpack
(la) llamada perdida (10)	missed call			(la) molestia (18)	bother
llamar(se) (1)	to be called	Me imagino que… (14)	I imagine that…	monótono/a (11)	monotonous, routine
(la) llave (12)	key	Me impresiona(n). (17)	(Someone/Something) impresses me.	montar a caballo (8, 12)	to go horseback riding
llevar (3, 7, 8)	to take, to carry, to wear			montar en bici (5)	to ride a bike
llueve (llover o>ue) (7)	it is raining	Me lo pasé bien. (8)	I had a good time.	montar en globo (12)	to ride in a hot-air balloon
(la) lluvia (7)	rain	Me molesta(n) / indigna(n). (17)	(Someone/Something) bothers me, outrages me.	(la) moraleja (13)	moral
Lo haré sin falta. (14)	I'll be sure to do it.			moreno/a (3)	dark brown
lo mismo (18)	maybe	Me parece (que)… (11, 17)	I think / I believe…	morir (12)	to die
Lo siento (mucho / muchísimo / de verdad). (13)	I am (so / very / really) sorry.			(el) motivo (18)	subject, motive
		¿Me permites / permite? (15)	Will you allow me to…?	(la) moto (6)	motorcycle
				muchísimo (5)	very much, a lot
Lo siento. (2)	I'm sorry.	¿Me podría decir el precio? (10)	Could you tell me the price?	mucho (6)	very much, a lot
los / las (1)	the, some			Mucho gusto. (1)	Pleased to meet you.
luchar (por, en, a favor de, contra) (17)	to fight (for, in, in favor of, against)	Me pone(n) triste / histérico / de los nervios… (17)	(Someone/Something) saddens me, angers me, gets on my nerves…	multicereales (16)	multi-grain
				(el) mundo empresarial (9)	business world
(los) lugares (2)	places				
lunes (4)	Monday	Me pongo… (17)	I get, I become…	(el) mundo hispano (0)	Hispanic world
		¿Me prestas…? (16)	Will you lend me…?	(el) museo (6)	museum
M		Me siento… (17)	I feel…	(la) Música (2)	music
(la) madrastra (3)	stepmother	(el/la) mecánico/a (4)	mechanic	muy (6, 8)	very
(la) madre (3)	mother	(la) media pensión (12)	half board (breakfast and dinner)	Muy señor/a mío/a (18)	Dear Sir/Madam
(la) magdalena (16)	muffin				
maleducado/a (3)	rude	(el/la) médico/a (1, 4)	doctor	**N**	
(la) maleta (8)	suitcase	(la) medio hermana (3)	half sister	(las) nacionalidades (1)	nationalities
malgastar (14)	to waste	(el) medio hermano (3)	half brother	nada (12)	nothing
malo/a (10)	bad, sick	(el) medioambiente (14)	environment	nadar (8)	to swim
mandar (2)	to send	(los) medios de comunicación (9)	means of communication	nadie (12)	no one, nobody
mandar un wasap (8)	to send a whatsapp			(las) naranjas (5)	oranges
(la) manifestación (14)	demonstration, protest	(los) medios de transporte (6)	means of transportation	(la) naturaleza (8)	nature
(la) mano (5)	hand			navegar por el mar (5)	to sail
(la) mantequilla (16)	butter	menos cuarto (4)	quarter to	navegar por Internet (4, 5)	to go on the Internet
(las) manzanas (5)	apples	(el) mes / año pasado (8)	last month / year		
mañana (7)	tomorrow, morning	(el) mes que viene (14)	next month	negro (2, 3)	black
(el) marcador (0)	marker	(la) mesa (0, 2)	table, desk	nervioso/a (5)	nervous
marcar un gol (15)	to score a goal	(el/la) mesero/a (4)	waiter/waitress	ni (11)	nor, not even
(el) marisco (5)	shellfish, seafood	(la) mesilla (2)	bedside table	ni fu ni fa (12)	so-so

¡Ni hablar! (15)	Don't even mention it!	(las) ONG (17)	NGOs	pasear (8)	to go for a walk
(la) niebla (7)	fog	ordenar (18)	to order	pasear al perro (15)	to walk the dog
(la) nieta (3)	granddaughter	ordinario/a (11)	usual	(la) pastelería (6, 10, 16)	bakery (cakes and pastries)
(el) nieto (3)	grandson	(la) organización no gubernamental (17)	non-governmental organization	patinar (8, 12)	to skate
Nieva. (7)	It is snowing.			(el) pecho (5)	chest
(la) nieve (7)	snow	(la) orientación laboral (17)	career guidance	(la) pechuga de pollo (16)	chicken breast
ninguno/a (12)	none, not any				
No comprendo. (0)	I don't understand.	oscuros (3)	dark	pedir (e>i) (4)	to ask for, to order
No contesta. (10)	No answer.	(el) otoño (7)	autumn or fall	pedir información (1)	ask questions
No estoy (totalmente) de acuerdo con… (11)	I don't agree (completely) with…	(el) otro día (8)	the other day	pedir permiso, concederlo y denegarlo (15)	to ask, give, and deny permission
No hace nada de frío / calor. (7)	It's not at all cold / hot.	**P**		pedir y aceptar disculpas (13)	to make and accept apologies
(Yo) No lo sabía. (13)	I didn't know it.	(el) padrastro (3)	stepfather		
No lo voy a volver a hacer más. (13)	I won't do it again.	(el) padre (3)	father	pedir y dar consejos (16)	to ask for and give advice
		(los) padres (3)	parents		
No me gustó nada. (8)	I didn't like it at all.	pagar (7)	to pay	pedir y dar opiniones (11)	to ask for and give opinions
¡No me lo puedo creer! (13)	I can't believe it!	(la) página (9)	page, web page		
		(los) países (0)	countries	pelear(se) (15)	to fight
No sé qué decir. (11)	I'm not sure what to say.	(las) palomitas (5)	popcorn	peligroso/a (6, 11)	dangerous
No soporto / No aguanto… (17)	I can't bear / I can't stand…	(el) pan (2)	bread	pelirrojo/a (3)	redhead
		(la) panadería (6, 10)	bakery (bread), bread shop	pensar (e>ie) (4)	to think
No te preocupes. (13)	Don't worry.			(la) pensión completa	full room and board
No te puedo decir. (11)	I can't say.	(el) panfleto (7)	pamphlet, brochure	pequeño/a (2, 3)	small, little
No tiene importancia. (13)	It's not important.	(la) pantalla táctil (18)	touch screen	perder(se) (8)	to lose (to get lost)
		(los) pantalones (3)	dress pants	Perdón. (13)	Excuse me. Forgive me.
No va a volver a pasar. (13)	It won't happen again.	(las) papas fritas (5)	french fries	Perdóname. (13)	Forgive me.
		(la) papelera (0)	wastepaper basket	Perdone / Perdona, ¿para…? (15)	Excuse me, how do I…?
No, (lo siento) es que… (15)	No, (I'm sorry) it's just that…	(las) papitas fritas (5)	potato chips		
		para + infinitivo (17)	to order to	perezoso/a (11)	lazy
no…demasiado (5)	not much	Para mí que / Yo diría que… (18)	I would say…	(la) perfumería (10)	beauty supply shop
no…nada (5)	not at all			(el) periódico (9, 13)	newspaper
nosotros/as (1)	we	Para mí, ti, él… (2)	For me, you, him,…	(el) periódico digital (9)	digital newspaper
(las) notas (18)	notes	¡Para nada! (11)	Not at all!	(el/la) periodista (9)	journalist
(la) noticia (9, 13)	news	para que + subjuntivo (17)	so that others (subjunctive)	pero (1, 13)	but
(las) noticias de los famosos (9)	celebrity news			(el) perro (1, 2)	dog
		(la) parada de autobús (6)	bus stop	(el) personaje famoso (9)	celebrity
(las) noticias del día (9)	today's news	(el) paraguas (7)	umbrella	(las) personalidades (11)	personality traits
(el) noticiero (9)	news broadcast	(la) pared (15)	wall		
(la) novela (13)	novel	(el) parka (7)	ski jacket	(las) personas (9)	people
(el) número equivocado (10)	wrong number	(el) parque (2)	park	peruano/a (1)	Peruvian
		(las) partes del cuerpo (5)	parts of the body	(la) pescadería (10)	fish store / market
Nunca jamás. (11)	never ever.			(el) pescado (2, 5)	fish
		(el) partido político (14)	political party	(el) pie (5)	foot
O		pasado mañana (14)	day after tomorrow	Pienso que… (2)	I think that…
ocupado/a (10)	busy	pasar la aspiradora (15)	to vacuum	(la) pierna (5)	leg
odio (17)	I hate	pasar tiempo (8)	to spend time	(la) pila (14)	battery (not rechargeable)
ofrecer (17)	to offer	(el) pase (15)	pass		
ojalá (17)	I hope, let's hope (that)	pasear (2)	to stroll, to walk around	(los) pimientos (5)	peppers
olvidar(se) de (13)	to forget				

(la) piña (16)	pineapple
(la) pizarra, (el) pizarrón (0)	blackboard
planchar (15)	to iron
(la) playa (8)	beach
poco (6)	very little, not much
poder (o>ue) (4)	to be able, can
¿Podría...? (16)	Could I...?
Podrías... (16)	You could...
¿Podrías...? (16)	Could you...?
(el) poema (13)	poem
(la) política (14)	politics
(el) pollo (2, 5)	chicken
(el) polvo (15)	dust
poner en remojo (16)	to soak
poner la lavadora (15)	to do the laundry
poner la mesa (15)	to set the table
poner un granito de arena (17)	to collaborate, to help
ponerse (9)	to put on, to become
por la mañana (4)	in the morning
por la noche (4)	at night
por la tarde (4)	in the afternoon
¿Por qué? (11)	Why?
¿Por qué no...? (15)	Why don't you...?
Por supuesto. (15)	Of course.
porque (11)	because
(la) portada (9)	cover
(la) portería (15)	goal
(el) portero (15)	goal keeper
posiblemente (18)	possibly
(el) postre (5)	dessert
practicar submarinismo (8)	to practice scuba diving
práctico/a (11)	practical
preferir (e>ie) (4, 8)	to prefer
(la) prensa (9)	press
(la) prensa deportiva (9)	sports publications
preocupado/a (5)	worried
(e/la) presidente/a (14)	president
(el/la) presentador/a (9)	presenter / broadcaster
(la) primavera (7)	spring
(la) primera página (9)	front page
(el/la) primo/a (3)	cousin
probablemente (18)	probably
(el) producto envasado (14)	packaged goods
(las) profesiones (1)	professions
(el) profesor (0, 1)	teacher (male)
(la) profesora (0, 1)	teacher (female)

(el) programa (14)	platform (of a political party)
(el) programa (9)	program
programador/a (4)	computer programmer
(la) promesa (14)	promise
prometer (14)	to promise
¡Prometido! (14)	Promised!
(la) propina (12)	tip
(la) protección del medioambiente (17)	environmental protection
(el) protector solar (8)	sunscreen
próximo/a (7)	next
(la) publicidad (10)	publicity, advertisement
(el) público (13)	audience
(el) pueblo (2)	town
¿Puede escribirlo en la pizarra? (0)	Can you write it on the blackboard?
¿Puede repetir, por favor? (0)	Can you please repeat?
puede (ser) que... (18)	it can be that...
¿Puedes / Podrías decirme cómo...? (15)	Can / Could you tell me how...?
¿Puedo / Podría...? (15)	Can / Could I...?
¿Puedo...? (16)	Can I...?
(la) puerta (0)	door
puertorriqueño/a (1)	Puerto Rican
Pues resulta que... (13)	Well it turns out that...
punto com (18)	dot com
puntual (11)	punctual

Q

qué (2)	what
¡Qué + adjetivo! (10)	How + adjective!
¡Qué + sustantivo + más! (10)	What a + adjective + noun!
¡Qué + sustantivo + tan! (10)	What a + adjective + noun!
Que aproveche. (17)	Enjoy your meal, Bon appétite.
¡Qué apuro! (13)	How embarrassing!
¡Qué calor! (7)	It's so hot!
¿Qué día / tiempo hace? (7)	What's the day / weather like?
¿Qué día es hoy? (1)	What's today's date?
¡Qué dices! (11)	What are you talking about?
Que disfrutes. (17)	Have fun.
Que duermas bien. (17)	Sleep well.
¡Qué frío / calor tengo!	I'm so cold / hot!

(7)	
¡Qué frío hace! (7)	It's so cold!
¿Qué haces? (1)	What do you do?
¿Qué hora es? (4)	What time is it?
Que lo/la pases bien. (17)	Have a good time.
¡Qué me dices! (13)	What are you saying!
¿Qué opinas / piensas sobre...? (11)	What do you think about...?
¿Qué precio tiene? (10)	What is the price?
¿Qué puedo hacer? (16)	What can I do?
¿Qué significa...? (0)	What does... mean?
¿Qué tal? (1)	What's up?
¿Qué tal estás? (1)	How are you doing?
Que te mejores. (17)	Get well.
¿Qué te parece...? (11)	What do you think about...?
Que tengas buen viaje. (17)	Have a good trip.
Que tengas suerte. (17)	Good luck.
¡Qué va! ¡Que no! (11)	No way!
¡Qué vergüenza! (13)	How embarrassing!
que viene (7)	upcoming, next
quedar (4)	to meet up with someone
quedarse (14)	to stay
(la) queja (18)	complaint
quejarse (4, 15)	to complain
querer (e>ie) (4, 8)	to want
(el) queso (5)	cheese
¿Quién? (1)	Who?
¿Quieres...? (15)	Do you want...?
quitar la mesa (15)	to clear the table
quizás (18)	perhaps, maybe

R

(la) radio (9)	radio
rápido/a (6)	fast
(la) raqueta (15)	racket
rebotar (15)	to rebound
recaudar fondos (17)	to raise money
(el/la) recepcionista (12)	receptionist
recibir llamadas (18)	to receive calls
(el) reciclaje (14)	recycling
reciclar (14)	to recycle
recomendar (e>ie) (18)	to recommend
recorrer (8)	to go all over
(los) recursos naturales (14)	natural resources

(la) red (15)	net	(las) sandalias (3)	sandals	superbién (12)	super
(la) red social (9)	social network	sano/a (16)	healthy	(el) supermercado (6, 10)	supermarket
(las) redes sociales	social media	Se despide atentamente (18)	Sincerely yours	suponer (14, 18)	to suppose
reducir (14)	to reduce	¿Se encuentra…? (10)	Is… there?	Supongo que… (14)	I guess that…
reelegir (9)	to reelect	(la) secadora (15)	dryer		
(la) reforma (14)	reform	seguir (6)	to follow, to continue	**T**	
regresar (8, 12)	to return	seguramente (18)	surely	(el) tablero de anuncios (0)	bulletin board
regular (8)	not so good, okay	seguro/a (6, 11)	secure, safe, certain	(la) tableta (0)	tablet
relajante (11)	relaxing	(el) Senado (14)	Senate	tal vez (18)	maybe
(el) relámpago (7)	lightning	(la) señal (18)	signal	también (1)	also
(el) relato (13)	short story	Señor (Sr.) (1)	Mr.	(las) tareas del hogar (15)	household chores
(el) remitente (18)	sender (of a letter)	Señora (Sra.) (1)	Mrs.	tarjeta de crédito / débito (10)	credit / debit card
repetir (e>i) (4, 9)	to repeat	Señorita (Srta.) (1)	Miss/Ms.	tarjeta de regalo (10)	gift card
(el) reportaje (9)	report	(la) sequía (14)	drought	(la) tarta de chocolate (5)	chocolate cake
(la) reservación (12)	reservation	ser (1)	to be	(el) taxi (6)	taxi
(los) restos orgánicos (14)	organic waste	ser solidario (17)	to be solidary, supportive	Te doy mi palabra. (14)	I give you my word.
reutilizar (14)	to reuse	¿Sería tan amable de…? (16)	Would you be so kind as to…?	¿Te / Le importa si…? (15)	Do you mind if…?
(la) revista (9)	magazine	servir (e>i) (4)	to serve	¿Te importa si…? (16)	Do you mind if…?
(la) revista de información científica (9)	science news magazine	¿Sí? (10)	Hello (when answering the telephone)	¿Te importaría…? (16)	Would you mind…?
rico/a (10)	rich, tasty	Sí, claro. (0)	Yes, of course.	Te juro que… (14)	I swear that…
(la) rima (13)	rhyme	Sí, está bien. (0)	Yes, it's fine.	¿Te parece bien…? (17)	How does that work for you…?
rizado (3)	curly	Sigue, sigue… (13)	Continue, keep talking…	Te perdono. (13)	I forgive you.
(la) rodilla (5)	knee	siguiente (9)	next	Te prometo que… (14)	I promise you that…
rojo (2)	red	silencioso/a (11)	quiet	(el) teatro (6)	theater
romper (9, 12)	to break, to break up	(la) silla (0)	chair	(las) telecomunicaciones (18)	telecommunications
(la) ropa (3, 7)	clothes	simpático/a (3)	likeable	(la) telenovela (9)	soap opera
(la) ropa interior (3)	underwear	sin ánimo de lucro (17)	non profit	(el) tema (13)	topic, musical composition
rubio/a (3)	blonde	(la) sobrina (3)	niece	(la) temperatura (7)	temperature
ruidoso/a (11)	loud, noisy	(el) sobrino (3)	nephew	templado (7)	temperate, mild
		(el) sofá (2)	sofa	(la) temporada alta (12)	high season
S		soler (o>ue) (13)	to tend to do something	(la) temporada baja (12)	low season
(el) sábado (4)	Saturday	solo/a (10)	alone	temprano (4)	early
(las) sábanas (15)	bed sheets	(la) sombrilla (8)	beach umbrella	¡Ten cuidado! / ¡Cuidado! (13)	Be careful!
¿Sabes cómo…? (15)	Do you know how to…?	(el) sondeo electoral (14)	election polls	tender la ropa (15)	to hang out clothes to dry
¿Sabes qué …? (13)	Do you know what…?	(la) sopa de verdura (5)	vegetable soup	Tendrías que / Deberías… (15)	You should…
(el) sabor (16)	taste, flavor	soso/a (11, 16)	dull, bland	tener (1, 3)	to have
sacar la basura (15)	to take out the trash	subir (8)	to go up, to get on, to climb	tener calor (3)	to be warm
(el) saco de dormir (8)	sleeping bag	subir una foto (8)	to upload a photo	tener cobertura (18)	to have coverage
(la) sal (16)	salt	(el) subtítulo (9)	lead or subhead		
(el) salchichón (16)	salami	suena ocupado (10)	busy signal		
salir (4)	to go out, to leave	(el) suéter (3)	sweater		
salir adelante (17)	to get ahead	sugerir (e>ie) (18)	to suggest		
salir con amigos (12)	to go out with friends				
(el) salón (2)	living room				
(la) salsa (16)	sauce				
saludable (11, 16)	healthy				
(el) saludo (18)	greeting				

tener frío (3)	to be cold
tener hambre (3)	to be hungry
tener que (4)	to have to (do something)
tener sed (3)	to be thirsty
tener sueño (3)	to be sleepy
tener… años (1, 3)	to be… years old
(el) tenis (2)	tennis
(los) tenis (3)	sneakers
(el/la) tenista (1)	tennis player
(la) tía (3)	aunt
(el) tiempo atmosférico (7)	the weather
(la) tienda de campaña (8)	tent
(la) tienda de electrónica (10)	electronics store
(la) tienda de ropa (6, 10)	clothing store
¿Tienen preguntas? (0)	Do you have any questions?
¿Tienes frío / calor? (7)	Are you cold / hot?
Tienes razón. (11)	You are right.
(las) tiendas (10)	the stores
tímido/a (3)	shy
(el) tío (3)	uncle
tirar (13)	to throw
tirar la basura (15)	to take out the trash
(el) titular (9)	headline
(la) toalla de playa (8)	beach towel
todavía no (12)	not yet
todos los días (4)	everyday
tomar el sol (5)	to sunbathe
tomar tapas (5)	to eat tapas (small dishes of food)
(los) tomates (5)	tomatoes
¡Totalmente! (11)	Totally!
(la) tormenta (7)	storm
trabajador/a (3)	hard-working
trabajar (2)	to work
trabajar codo con codo (17)	to work hand in hand, shoulder to shoulder

(el) trabajo satisfactorio (17)	successful work
traer (7)	to bring
(el) traje (3)	suit
(el) traje de baño (8)	bathing suit
tranquilo/a (5, 11)	calm, quiet
Tranquilo/a, no pasa nada. (13)	Don't worry, it's Ok.
(el) transporte ecológico (14)	ecologically friendly transportation
(el) tren (6)	train
(la) triple doble ve (18)	www
triste (5)	sad
triturar (16)	to grind up
(el) trozo (16)	de piece of
(el) trueno (7)	thunder
tú (1)	you (informal)
¿Tú qué harías? (16)	What would you do?
tuitear (8)	to tweet

U

últimamente (12)	lately
un / una (1)	a, an
un desastre (12)	a disaster
una vez (12)	once, one time
unos / unas (1)	some, a few
(la) urna (14)	ballot box
usted (1)	you (formal)
ustedes (1)	you all (plural)

V

vago/a (3)	lazy
venir (7)	to come
(la) ventaja (10, 15)	advantage
(la) ventana (0)	window
ver (3)	to see
ver un concierto (5)	to go to a concert
ver una emisión en directo (8)	to watch a live broadcast
ver una exposición (5)	to go to an exhibit
ver una película (5)	to see a movie

(el) verano (7)	summer
verde (2, 3)	green
(la) verdura / (las) verduras / (los) vegetales (2, 5, 16)	vegetables
(el) vertedero (14)	dumping site
(el) vestido (3)	dress
vestirse (e>i) (4)	to get dressed
veterinario/a (4)	veterinarian
viajar (2)	to travel
(los) viajes (8)	Trips
(el) vidrio (14)	glass
viernes (4)	Friday
(el) vinagre (16)	vinegar
vivir (3)	to live
volar en un parapente (12)	to go paragliding
(el) vóleibol (2)	volleyball
(el) voluntario / (la) voluntaria (17)	volunteer
volver (o>ue) (4)	to return
volver a (9)	to do something again
vosotros/as (1)	you (plural, Spain)
votar (9, 14)	to vote
(el) voto (14)	vote

Y

ya (12)	already
yo (1)	I
¡Yo qué sé! (11)	What do I know!
Yo que tú / Yo en tu lugar… (16)	If I were you…
(el) yogur (5, 16)	yogurt

Z

(las) zanahorias (5)	carrots
(la) zapatería (6, 10)	shoe store
(los) zapatos de tacón (3)	high-heeled shoes

CREDITS

The authors wish to thank the many people who assisted in the photography used in the textbook. Credit is given to photographers and agencies below.

We have made every effort to trace the ownership of all copyrighted material and to secure permission from copyright holders. In the event of any question arising as to the use of any material, please let us now and we will be pleased to make the corresponding corrections in future printings.

Page 14 (prahi, Col. iStock / carroteater, Col. iStock) | **Page 15** (Jeremy Woodhouse, Col. Blend Images / Jack Hollingsworth, Col. Photodisc / Daniel Ernst, Col. iStock / Lite Productions, Col. Lite Productions / AndreyPopov, Col. iStock) | **Page 17** (Jack Hollingsworth, Col. Photodisc / sindlera, Col. iStock) | **Page 18** (Jeff Huting, Col. iStock / Christopher Futcher, Col. iStock / Denys Prykhodov, Col. iStock / andresrimaging, Col. iStock / Dorling Kindersley / Pavel Konovalov, Col. iStock / suksao999, Col. iStock / tuja66, Col. iStock / marekuliasz, Col. iStock) | **Page 19** (kvkirillov, Col. iStock / Wavebreakmedia Ltd, Col. Wavebreak Media / prosiaczeq, Col. iStock / pepj, Col. iStock) | **Page 20** (BONNINSTUDIO, Col. iStock / IPGGutenbergUKLtd, Col. iStock) | **Page 21** (Wavebreakmedia Ltd, Col. Wavebreak Media / Jack Hollingsworth, Col. Photodisc) | **Page 23** (Michael Dykstra, Col. Hemera) | **Page 26** (Nikiteev_Konstantin, Col. iStock / Gasho Ito/a.collectionRF) | **Page 28** (andresrimaging, Col. iStock) | **Page 29** (Creatas, Col. Creatas / Milenko Bokan, Col. iStock / SimmiSimons, Col. iStock / andresrimaging, Col. iStock) | **Page 30** (Digital Vision, Col. Photodisc) | **Page 31** (miszaqq, Col. iStock / Steve Hix, Col. Fuse / Stockbyte, Col. Stockbyte) | **Page 32** (Monkey Business Images, Col. Monkey Business / nyul, Col. iStock) | **Page 33** (shipfactory, Col. iStock / shipfactory, Col. iStock / Jacob Wackerhausen, Col. iStock / PhotoObjects.net, Col. PhotoObjects.net) | **Page 35** (popovaphoto, Col. iStock / Anthony Baggett, Col. iStock / Olga Popova, Col. iStock / Jordi Lopez dot, Col. Hemera / John Kropewnicki, Col. iStock / Olga Brovina, Col. iStock / Steve Mann, Col. iStock / Ksenia Krylova, Col. iStock) | **Page 36** (Por cortesía de Danilo Borges en Creative Commons / Por cortesía de Keith Hinkle en Creative Commons) | **Page 37** (Kikovic, Col. iStock / Wavebreakmedia Ltd, Col. Wavebreak Media / Jupiterimages, Col. Stockbyte / Photodisc, Col. Photodisc / Robin Elmgren, Col. iStock / Aksonov, Col. iStock / AndreyPopov, Col. iStock) | **Page 39** (BananaStock, Col. BananaStock / sinan, Col. iStock / monkeybusinessimages, Col. iStock / Mark Bowden, Col. iStock / PhotoAttractive, Col. iStock / nyul, Col. iStock / Jupiterimages, Col. BananaStock / ntellistudies, Col. iStock) | **Page 42** (Fuse, Col. Fuse / Jupiterimages, Col. BananaStock / ChoochartSansong, Col. iStock / kosmos111, Col. iStock / a-wrangler, Col. iStock / ArtHdesign, Col. iStock / Hongqi Zhang, Col. iStock / Ablestock.com, Col. AbleStock.com) | **Page 43** (Thomas Northcut, Col. Digital Vision / BONNINSTUDIO, Col. iStock / Sergiy Tryapitsyn, Col. iStock) | **Page 44** (Fuse, Col. Fuse / Christopher Futcher, Col. iStock) | **Page 46** (NA, Col. Photos.com) | **Page 47** (Kai Chiang, Col. iStock) | **Page 50** (Fuse, Col. Fuse / monkeybusinessimages, Col. iStock / Hongqi Zhang, Col. Hemera / diego_cervo, Col. iStock / Tashi-Delek, Col. iStock / Wavebreakmedia Ltd, Col. Wavebreak Media) | **Page 52** (bst2012,

Col. iStock) | **Page 53** (Dmitrii Kotin, Col. iStock / John Rowley, Col. Digital Vision / Klaus Tiedge, Col. Blend Images) | **Page 54** (Digital Vision, Col. Photodisc) | **Page 55** (peresanz, Col. iStock / vladj55, Col. iStock / Por cortesía de Pure-football en Creative Commons) | **Page 56** (HSNPhotography, Col. iStock / drpnncpp, Col. iStock / USGirl, Col. iStock / Anton Starikov, Col. Hemera / ttatty, Col. iStock / GlobalP, Col. iStock / ayzek, Col. iStock / Fuse, Col. Fuse / Iñigo Quintanilla Gomez, Col. iStock) | **Page 57** (Marko Beric, Col. iStock / Baloncici, Col. iStock / sergey02, Col. iStock / Dario Sabljak, Col. Hemera / scanrail, Col. iStock) | **Page 58** (borzywoj, Col. iStock / Ivonne Wierink-vanWetten, Col. iStock / Digital Vision, Col. Digital Vision) | **Page 59** (pyotr021, Col. iStock / Wavebreakmedia Ltd, Col. Wavebreak Media) | **Page 60** (Elenathewise, Col. iStock) | **Page 62** (Maridav, Col. iStock) | **Page 63** (Jack Hollingsworth, Col. Photodisc / karandaev, Col. iStock / Hemera Technologies, Col. PhotoObjects.net / gonul kocak, Col. iStock / Paolo Diani, Col. iStock) | **Page 66** (Robert Churchill, Col. iStock) | **Page 67** (Wavebreakmedia Ltd, Col. Wavebreak Media / Moodboard, Col. Moodboard / Hannu Viitanen, Col. Hemera / Minerva Studio, Col. iStock / Jose Antonio Sánchez Reyes, Col. Hemera / Ingram Publishing / alkimsarac, Col. iStock) | **Page 68** (Feverpitched, Col. iStock) | **Page 70** (Manfred Steinbach, Col. iStock / fotocelia, Col. iStock / Viacheslav Khmelnytskyi, Col. iStock / Kseniya Ragozina, Col. iStock / Tanya Weliky, Col. iStock / Humberto Ortega, Col. iStock) | **Page 71** (Thomas Northcut, Col. Digital Vision / Comstock Images, Col. Stockbyte / Jupiterimages, Col. Creatas / Digital Vision, Col. Digital Vision / jaguarblanco, Col. iStock / AnikaSalsera, Col. iStock) | **Page 74** (Goodshoot, Col. Goodshoot / moodboard, Col. moodboard) | **Page 77** (DNF-Style, Col. iStock) | **Page 78** (Purestock / AntonioGuillem, Col. iStock) | **Page 79** (Purestock, Col. Purestock) | **Page 80** (Purestock, Col. Purestock) | **Page 83** (Matc13, Col. iStock / Voyagerix, Col. iStock) | **Page 84** (michaeljung, Col. iStock / Lalouetto, Col. iStock / vetkit, Col. iStock / linhof, Col. iStock / popovaphoto, Col. iStock / belchonock, Col. iStock / alekleks, Col. iStock / khvost, Col. iStock / tarasov_vl, Col. iStock) | **Page 85** (Digital Paws Inc., Col. iStock / Elnur Amikishiyev, Col. iStock / khvost, Col. iStock) | **Page 86** (paulprescott72, Col. iStock) | **Page 90** (Photodisc, Col. Photodisc) | **Page 91** (4774344sean, Col. iStock) | **Page 93** (Michael Blann, Col. Digital Vision / Purestock, Col. Purestock / Tim Pannell, Col. Fuse / MM Productions, Col. Digital Vision) | **Page 95** (Robert Churchill, Col.iStock / Vbaleha, Col. iStock) | **Page 98** (Oakozhan, Col. iStock) | **Page 100** (John Lund/Drew Kelly, Col. Blend Images) | **Page 101** (Klaus Tiedge, Col. Blend Images / Blend Images, Col. Shutterstock / wavebreakmedia, Col. Shutterstock / Andrew Olney, Col. Photodisc) | **Page 102** (Photick/Odilon Dimier, Col. Photick) | **Page 103** (Comstock Images, Col. Stockbyte / James Woodson, Col. Digital Vision / Purestock, Col.

Purestock / Wavebreakmedia Ltd, Col. Lightwavemedia / DragonImages, Col. iStock / Cathy Yeulet, Col. Hemera / Digital Vision, Col. Photodisc / FogStock/Vico Images/Alin Dragulin, Col. FogStock) | **Page 104** (Steve Hix, Col. Fuse) | **Page 105** (Fuse, Col. Fuse) | **Page 107** (Creatas Images, Col. Creatas / IT Stock Free, Col. Polka Dot / monkeybusinessimages, Col. iStock / Thomas Lammeyer, Col. iStock / nimon_t, Col. iStock / Wavebreakmedia Ltd, Col. Wavebreak Media / Kinga, Col. Shutterstock / wavebreakmedia, Col. Shutterstock / Sportstock, Col. Shutterstock) | **Page 108** (Photobank gallery, Col. Shutterstock / Snvv, Col. Shutterstock / Pete Spiro, Col. Shutterstock / bmf-foto.de, Col. Shutterstock / rosesmith, Col. Shutterstock / R. Gino Santa Maria, Col. Shutterstock / Goran Bogicevic, Col. Shutterstock / science photo, Col. Shutterstock) | **Page 109** (monkeybusinessimages, Col. iStock / Hemera Technologies, Col. Photos.com / lisafx, Col. iStock / Jochen Sand, Col. Digital Vision / moodboard, Col. Moodboard) | **Page 110** (Wavebreakmedia Ltd, Col. Wavebreak Media / Warren Goldswain, Col. iStock / George Doyle, Col. Stockbyte / Ana Blazic, Col. iStock / Michael Blann, Col. Photodisc / innovatedcaptures, Col. iStock) | **Page 115** (Wavebreakmedia Ltd, Col. Wavebreak Media / Fuse, Col. Fuse) | **Page 116** (Doug Menuez, Col. Photodisc / Ryan McVay, Col. Photodisc / gpointstudio, Col. iStock / fotokostic, Col. iStock / Jacob Wackerhausen, Col. iStock / Andrew Olney, Col. Photodisc) | **Page 118** (Creatas, Col. Creatas / Big Cheese Photo LLC, Col. Big Cheese Photo) | **Page 122** (phoopanotpics, Col. iStock) | **Page 124** (Ridofranz, Col. iStock) | **Page 125** (Creatas, Col. Creatas / Stockbyte, Col. Stockbyte / Lite Productions, Col. Lite Productions) | **Page 126** (diego_cervo, Col. iStock) | **Page 127** (kissenbo, Col. iStock / Jack Hollingsworth, Col. Digital Vision / Jupiterimages, Col. liquidlibrary / junjie, Col. iStock / nyul, Col. iStock) | **Page 128** (gpointstudio, Col. iStock / Creatas, Col. Creatas / Stockbyte, Col. Stockbyte / Fuse, Col. Fuse / quintanilla, Col. iStock / moodboard, Col. Moodboard / Milenko Bokan, Col. iStock / monkeybusinessimages, Col. iStock / Jupiterimages, Col. Photos.com / Mike Watson Images, Col. moodboard / monkeybusinessimages, Col. iStock / milos-kreckovic, Col. iStock / Goodshoot, Col. Goodshoot / Wavebreakmedia Ltd, Col. Wavebreak Media / Avatar_023, Col. iStock / Antonio_Diaz, Col. iStock / Wavebreakmedia Ltd, Col. Wavebreak Media) | **Page 130** (g-stockstudio, Col. iStock / Jacob Wackerhausen, Col. iStock) | **Page 131** (Photodisc, Col. Photodisc / Ryan McVay, Col. Digital Vision / Helder Almeida, Col. iStock) | **Page 132** (Maya Kovacheva Photography, Col. iStock / gresei, Col. iStock / luiscar, Col. iStock / AndreaAstes, Col. iStock / Igor Tarasyuk, Col. iStock / Mimadeo, Col. iStock / Robyn Mackenzie, Col. iStock / Massimiliano Pieraccini, Col. iStock / anna1311, Col. iStock / nattanan726, Col. iStock / Robyn Mackenzie, Col. iStock / George Doyle, Col. Stockbyte / Madllen, Col. iStock / Denira777, Col. iStock /WestLight, Col. iStock) | **Page 133** (Digital Vision, Col. Digital Vision / Alexander Raths, Col. iStock / margouillatphotos, Col. iStock / photomaru, Col. iStock / Michelle Harvey, Col. iStock / Wavebreakmedia Ltd, Col. Wavebreak Media / Boarding1Now, Col. iStock / logoff, Col. iStock) | **Page 134** (Joe Gough, Col. iStock / GrishaL, Col. iStock / Evgeny Karandaev, Col. iStock / KatarzynaBialasiewicz, Col. iStock) | **Page 138** (SerrNovik, Col. iStock / Goh Siok hian, Col. Hemera) | **Page 140** (Mike Watson Images, Col. moodboard) | **Page 141** (DAJ,

Col. DAJ / Trevor Smith, Col. iStock / Creatas Images, Col. Creatas / Art-Of-Photo, Col. iStock / Romariolen, Col. iStock) | **Page 142** (Erik Reis, Col. iStock) | **Page 143** (Piotr Marcinski, Col. Shutterstock) | **Page 146** (Siri Stafford, Col. Photodisc) | **Page 148** (Allan Danahar, Col. Photodisc) | **Page 149** (Stockbyte, Col. Stockbyte / Creatas, Col. Creatas / ViktorCap, Col. iStock) | **Page 150** (Sergey Furtaev, Col. Shutterstock / Odua Images, Col. Shutterstock) | **Page 151** (Odua Images, Col. Shutterstock) | **Page 152** (Kryvenok Anastasiia, Col. Shutterstock / Tupungato, Col. Shutterstock / Jorge Salcedo, Col. Shutterstock) | **Page 155** (d13, Col. Shutterstock / StockLite, Col. Shutterstock / CandyBox Images, Col. Shutterstock / Tyler Olson, Col. Shutterstock / MJTH, Col. Shutterstock / Rostislav Glinsky, Col. Shutterstock / Aleksandr Markin, Col. Shutterstock / Popova Valeriya, Col. Shutterstock / Pressmaster, Col. Shutterstock / racorn, Col. Shutterstock / spotmatik, Col. Shutterstock / Kzenon, Col. Shutterstock) | **Page 157** (Denis Cristo, Col. Shutterstock) | **Page 158** Radu Bercan, Col. Shutterstock / sevenke, Col. Shutterstock) | **Page 162** (Jack Hollingsworth, Col. Photodisc) | **Page 163** (michaeljung, Col. Shutterstock) | **Page 165** (Jason Stitt, Col. Shutterstock) | **Page 167** (auremar, Col. Shutterstock / Pavel L Photo and Video, Col. Shutterstock / TravnikovStudio, Col. Shutterstock / Daniel Korzeniewski, Col. Shutterstock / yyyahuuu, Col. iStock / Woodkern, Col. iStock / Simon Dannhauer, Col. iStock / JDEstevao, Col. iStock) | **Page 170** (Digital Vision, Col. Photodisc / Elena Dijour, Col. Shutterstock) |

Sabor latino